U0857285

浙江
卷二

中國
地理標志
產品大典

★ 国家新闻出版改革发展项目库入库项目

★ 国家“十二五”重点规划图书

★ 财政部中央文化企业国有资本经营预算资助项目

中国质检出版社

中国标准出版社

北京

图书在版编目（C I P）数据

中国地理标志产品大典. 浙江卷.2 / 浙江省质量技术监督局.
主编. 北京：中国质检出版社，2014.10（2016.10重印）
ISBN 978-7-5026-4049-1

Ⅰ. ①中… Ⅱ. ①浙… Ⅲ. ①地理—标志—产品标识—浙江省
Ⅳ. ①F760.5

中国版本图书馆CIP数据核字（2014）第222838号

中国质检出版社
中国标准出版社 出版发行

北京市朝阳区和平里西街甲2号（100029）
北京市西城区三里河北街16号（100045）
网址：www.spc.net.cn
总编室：（010）64275323 发行中心：（010）51780235
读者服务部：（010）68523946
北京华联印刷有限公司印刷
各地新华书店经销

※

开本787×1092 1/16 印张13.5 字数171千字
2014年10月第1版 2016年10月第2次印刷

※

定价 65.00元
如有印装差错 由本社发行中心调换

一个国家只有专业出版水准上去了，这个国家的话语权才能起来……“中国地理标志产品大典”编辑出版是关乎国家文化基本建设的基础工程。（在2012年12月全国质检出版工作会议上的讲话）

—— 国家新闻出版广电总局原副局长 邬书林

“中国地理标志产品大典”具有突出的民族性、品牌性、人文性和普及性，既是对我国丰富的地域物质文化精致而美好的呈现，又是对悠久的中华文明深入而凝练的弘扬，势将为我国地理标志产品乃至中华文化走向世界做出贡献。

——全国政协文史和学习委员会委员、韬奋基金会理事长 聂震宁

“中国地理标志产品大典”所记载的是中国种植、养殖优秀基因品种，是在写大地上活的历史，可以从中寻找到历史人文智慧记忆。

——中国工程院院士、植物种质资源学家 刘旭

“中国地理标志产品大典”所展现的地理标志产品，是我们祖辈流传下来的宝贵动植物品种，是中国的也是世界的宝贵的物质和精神财富。

——中国工程院院士、中国农业科学院副院长 吴孔明

中国地理标志产品是我国农耕文明的活化石，其文化是民族人文智慧的结晶。“中国地理标志产品大典”所展现的不同产品是我国各省、各地的靓丽名片。

——电视纪录片《走进中国地理标志》总策划、总制片人 窦德荣

分卷编委会

总序

我们的祖国地域辽阔，物华天宝。千百年来，勤劳智慧的中华民族代代相传，创造了璀璨的物质文明。从东北沃土深藏的长白山人参，到西南被誉为“川菜灵魂”的郫县豆瓣；从东海之滨浓郁甘醇的西湖龙井茶，到西北驰名中外的吐鲁番葡萄；天山脚下，关中平原，齐鲁大地，彩云之巅……一方水土育一方文明，展现着中国地理标志产品最光彩夺目的魅力。

1999年，原国家质量技术监督局发布了《原产地域产品保护规定》；2001年，原国家出入境检验检疫局发布了《原产地标记管理规定》；2005年，以原有两个规定及多年实践为基础，国家质量监督检验检疫总局（简称国家质检总局）颁布实施了《地理标志产品保护规定》。截至2013年底，正式获批受保护的地理标志产品逾1600件，其中涉外保护产品24件（境外在华保护14件，境外保护10件）。

为宣传地方特色，促进产品贸易，传承华夏文明，传播中华文化，在国家质检总局的指导下，国家质检总局科技司、中国质检出版社深入调研，通过不断论证、完善，组织编写了“中国地理标志产品大典”。本套书以独特的视角展示地理标志产品文化和自然环境的多样性，以生动的文字再现产品背后的精彩故事，以丰富的图片讲述产品质量特色和工艺传承，充分诠释中华地域自然和人文孕育而成的地理标志产品的独特魅力，让世界更好地认识美丽中国。

本套书为2012年度国家新闻出版改革发展项目库入库项目、国家“十二五”重点规划图书、财政部中央文化企业国有资本经营预算资助项目。在整套书的策划、组织编纂和出版等过程中，得到了财政部、国家新闻出版广电总局的大力支持和指导；各地质量技术监督局、出入境检验检疫局精心组织本地区分卷的编纂工作，每一分卷参编单位平均达30家，组织、联络工作量大，文稿质量要求较高；部分地区农业局、新闻出版广电局以及有关协会、企业、记者站等单位也积极参与编纂或提供素材，付出了大量的辛勤汗水；地理标志专家对稿件进行了认真审读，在此我们一一表示衷心感谢。

“中国地理标志产品大典”总编委会

2014年9月

本卷前言

一个民族，一个文明的传承，往往以一种神秘的方式隐藏在不动声色的山水之间。以江为路，以山为门，以木为源，以湖为饰。在共和国广袤的版图上，这仅仅是一片十多万平方千米的土地。然而她雄踞东海西滨，长江南翼，有着悠久而灿烂的历史，是中华古老文明的摇篮之一。4000年前，这里烧制出令人惊叹的精美陶器；2500年前，这里发生过一场惊心动魄的吴越对决；800年前，这里诞生了世界上最大也是最华贵的城市；120年前，这里出现了近代中国的第一批革命志士。川流不息的江河水挥洒着她的隽秀飘逸，千年的蜿蜒流转在这片土地上刻画出了一个潇洒的“之”字，这就是之江，也就是浙江。虽然，浙江不论从哪个意义上来讲都是一个经济资源匮乏的地区，但是不管从哪个角度来说都是一个厚重深沉的经济强省。

“江南好，风景旧曾谙。日出江花红胜火，春来江水绿如蓝。能不忆江南？”这就是天生丽质的浙江，明眸善睐的吴越之地。丝绸之府，文物之邦，是人们对这片土地最由衷的赞叹。行走在灵性江南的土地上，一切语言似乎都已显得多余，我们更愿意用指尖去轻触这一幅幅秀美的图画，更愿意用脚步去丈量这连片山水的宽阔，更愿意用耳朵去聆听那万物生灵的共鸣和弦。西湖的妩媚，雁荡的秀丽，天目的清幽，勾勒出了这幅山水画卷的清秀风骨；千岛湖的碧波万顷，富春江的水天一色，钱塘江的壮阔俊伟，铺陈出了这幅画卷的写意洒脱；乌镇的练达，西塘的宁静，南浔的朴实又共同点缀出了这幅画卷的玲珑曼妙。在这幅画卷囊括的每一寸土地里都可能滋养着一种独特的物产，这就是属于浙江的地理标志产品。

杭州丝绸的妩媚多姿串起西湖龙井的清澈淡雅，品一口清脆的萧山萝卜干，掬一把圆润的里叶白莲，好一个物产丰富的杭州；寻一味绍兴酒的甘醇，比一比嘉善黄酒的绵柔，尝一尝练市黄酒的清甜，沉醉在“酒不醉人人自醉”的朦胧梦境；当然，少不了瓜果鲜蔬、咸甜小口的佐伴，新昌的花生、景宁的泡笋、嘉兴的粽子、龙游的发糕、南湖的菱角、诸暨的枫桥香榧、余姚的榨菜，等等种种，数不胜数的美味。酒足饭饱之后，来一壶千岛玉叶，抑或是开化龙顶，静心凝神，养天地灵气。休憩一番，拿起湖笔，挥洒一幅心中的圣境。

这就是浙江，有着众多的地理标志产品，分布在每一个角落的天人造化。在这里，我们将引领你去探寻每一个物产的奥秘，走遍浙江的每一寸土地。

编者
2014年9月

目录

产品概况

产 品 名 称：安吉白茶

国家公告号：国家质量监督检验检疫总局2004年第39号

保 护 范 围：浙江省安吉县现辖行政区域

安吉白茶

优良的生态环境和悠久的历史，不同凡响的『形、色、香、味、质』使安吉白茶在名茶中卓尔不群。安吉白茶色泽莹白，制成干茶，形似凤羽，兰芽玉蕊，匀整鲜活泛金边；开汤后，叶白脉翠，茶芽朵朵，似片片翡翠起舞，棵棵玉白卧底，千姿百态，汤色清澈明亮。闻之，芬芳馥郁，清香萦绕持久；品之，滋味鲜爽，香气清雅，口齿留香，回味甘醇生津。特别是『清、雅、洁』又极契合中国茶文化之精神。

地理环境

南方嘉木秀　安吉白茶奇

有这样一方天地，它让你可以尽情享受灵山秀水；

有这样一片桃源，它让你可以无限感知返璞归真；

有这样一处风景，它让你可以欢乐捕捉乡村剪影。

这里拥有联合国授予的我国首个“联合国人居奖”获得县；

这里拥有目前世界一流的大熊猫专业生态展馆；

这里拥有“中国美丽乡村”“中国白茶之乡”“优雅竹城”的交相辉映。

人们会不禁问道，这是哪里？这里就是取《诗经》“安且吉兮”之意而得名的浙江省安吉县。

安吉县位于浙江省北部，地理坐标为北纬30°23′~30°53′，东经119°14′~119°53′，是长江三角洲经济区迅速崛起的一个对外开放景区。东邻湖州市吴兴区、德清县；南接杭州市余杭区、临安市；西与安徽省宁国市、广德县交界；北连湖州市长兴县。安吉县境内群山起伏，山川隽秀，雨量充沛，人杰地灵。连绵逶迤的北天目群峰舒展晴朗，日夜不息的西苕溪至此而源远流长。安吉县被誉为气净、水净、土净的“三净”之地，是一个天然的绿色氧吧，是长三角都市群的后花园。自然的生态堪称一流，长年清荣峻茂，碧水长流，优越的地理环境非常适合安吉白茶的生长。

安吉县被誉为“中国竹乡”“中国首个生态县”。竹海翠流、云雾缭绕、土壤肥沃，安吉白茶是非常独特的茶树品种，长在茶竹之缘，是大自然赐予人类的珍贵物种。“绿竹放怀春未暮，清和为气日初长。静坐不虚兰室趣，清游自带竹林风。”大凡四周为竹林或邻近竹林的茶园所采制的茶叶，一般都含有板栗香或蕙兰香，且越靠近竹林的其蕙兰香越明显。也许正是竹乡得天独厚的自然环境孕育出了惊世骇俗的安吉白茶这朵奇葩。

〖安吉白茶〗

天下“白叶一号”源安吉

中国对白茶的记载最早是在北宋庆历年间：“白叶茶，芽叶如纸，民间大重，以为茶瑞。”900多年前，宋代皇帝宋徽宗赵佶会饮茶，精于茶道，在《大观茶论》中说写道：“白茶，自为一种，与常茶不同。其条敷阐，其叶莹薄。崖林之间，偶然生出，虽非人力所致。有者不过四五家，生者不过一二株，所造止于二三胯而已。芽英不多，尤难蒸焙，汤火一失，则已变而为常品。须制造精微，运度得宜，则表里昭彻，如玉之在璞，它无与伦也。浅焙亦有之，但品不及”。

· 宋徽宗

· 白茶祖

自有这个记载一直到明代的350多年中，没有再发现过白茶。因此，文中没有讲明白茶的产地。从古至今，人们一直只闻其名，不见其形。2003年，安吉县成功举办《大观茶论》与安吉白茶的研讨会，经过研讨会专家组研讨论证，认为安吉白茶就是宋徽宗在《大观茶论》中的白茶品种。宋徽宗的《大观茶论》堂而皇之给安吉白茶一个神话，有着显赫的地位，造就了自己独特的王国。“安吉白茶，白茶之祖”，当之无愧。

安吉最早于1930年在孝丰镇的马岭岗发现野生白茶树数十棵，“枝头所抽之嫩叶色白如玉，焙后微黄，为当地金光寺庙产”，后不知所终。1982年，在天荒坪镇大溪村横坑坞800米的高山上又发现一株百年以上白茶树，嫩叶玉白，仅主脉呈微绿色，很少结籽。当时，安吉县林科所的技术人员剪取插穗繁育成功，至2013年已发展到10万亩[①]，产量1300吨，产值14.5亿元。

·白茶仙子　华歆雨／摄影

·中国白茶第一村　华歆雨／摄影

① 1亩＝666.67米^2

忆当年一棵母树九百年留芳，看今朝数亿棵白茶千万里飘香。安吉白茶母树，一个伟大的植物传奇，被成功引种到全国各地的各大产茶区，从安吉走到异乡，在各地繁衍生息，成就了许多的知名品牌。厚实的文化积淀，优质的资源，安吉白茶使之成为安吉旅游的最佳代言。其推广速度之快，产品价位之高，市场品牌之响，总体效益之好，在我国茶业界是罕见的。

白蛇救夫盗仙草 山中修道护白茶

相传，美丽的蛇仙白娘子思凡下山，在西子湖畔邂逅药店伙计许仙，两人一见钟情，结为夫妻。金山寺和尚法海从中破坏，几次三番使白娘子显出真身。许仙不知原委，惊吓得昏死过去。白娘子为救许仙，冒死上仙山盗草，九死一生。南极仙翁念她一片真情，允许她带仙草下山。白娘子从仙山带仙草和仙果一路赶回。途中经过安吉，美丽的山水吸引了白娘子，无意之中将仙果失落在山巅。仙果落在安吉的高山峻岭之上，遇到肥沃的土壤、清澈的泉水便破壳而出。为找回仙果，白娘子又回到安吉，只见仙果已长成枝繁叶茂的白茶树。于是，她就身居此山修道，并日夜呵护白茶树。

· 游湖借伞　华歆雨 / 摄影

· 白娘显身　华歆雨 / 摄影

· 仙山盗草

· 仙果落凡尘

· 白茶诞生

· 白娘返茶谷

以上图片均由华歆雨摄影

文化积淀

安吉白茶的现代咏茶诗

如今的安吉人民正以“去欲凌鸿”的气魄，以饱满的热情，在茶业界朋友们的帮助下，挖掘白茶历史、弘扬白茶文化、壮大白茶产业。而安吉的魅力风情小镇、一村一景、一村一品吸引了朋友们，远离城市喧嚣，来到浙江安吉，去欣赏田园风光、去放松心情、去桑田林间小憩、去竹海深处人家。时时闻鸟语，处处有泉声。诸多文人墨客即兴写下了许多诗篇咏安吉白茶。

咏安吉白茶

戴 盟

黄埔江源飞玉凤，大山坞里产奇茶。
欣逢盛世安又吉，茶白泉甘千万家。
竹乡百里万峰青，玉凤醴泉心更清。
漫步苕溪怀陆羽，一瓯相对最怡情。

安吉白茶

杨招棣

久闻安吉有白茶，今见晶莹似玉芽。
水过三巡人已醉，神游竹海乐天涯。

白茶圆舞曲

［组诗］龚国富

育茶苗

九月中旬乃重阳，
茶农育苗好时光。
剪取玉枝选优芽，
一叶一心插入壤。

种白茶

春岁已过农事紧，
一年之际不能忘。

白茶惠民众人思，
披星戴月种茶忙。

采白茶

一年一度谷雨节，
正是乡亲采茶热。
满山鹅黄飞玉凤，
村姑欢唱白茶雪。

炒白茶

嫩黄绿茎晶莹奇，
扑面清风透心脾。
微火烘焙轻揉搓，
玲珑手指赛茶机。

品白茶

新茶清心满室香，
杯中玉羽似凤翔。
轻呷一口细品味，
美妙怡情请君尝。

售白茶

初春万物吐翠绿，
东风吹开玉芽头。
才是明前三月底，
白茶上市香九州。

·安吉白茶茶艺表演

安吉白茶冲泡步骤分为：备具、备水、观水、赏鲜叶、温杯、置茶、浸润泡、运茶遥香、冲泡、收具、奉茶。观看茶艺表演可以充分领略到安吉白茶形似凤羽，叶片玉白，茎脉翠绿，鲜爽甘醇的视觉享受。

品牌建设

安吉白茶锻造绿色传奇

优良的生态环境和悠久的历史，不同凡响的“形、色、香、味、质”使安吉白茶在名茶中卓尔不群，特别是“清、雅、洁”又极契合中国茶文化之精神。

在产业发展上，安吉白茶由一株山间野茶延伸出一个产值达到14.5亿元的富民产业，为安吉县36万农民人均增收3800元，先后获得国内外大奖400多项。安吉白茶实现了原产地保护、中国驰名商标、中国名牌农产品和国际注册，成为茶业界的后起之秀。在品牌管理上，安吉白茶首创了“母子商标”管理方式，引领企业开展GAP认证，实现产品质量的可追溯性，确保了安吉白茶的生态品牌和健康消费。在价值提升上，安吉白茶产品开发向多元化升级，区域公用品牌价值达25.65亿元。

安吉县经过多年探索和实践，总结了五条发展经验。这五条发展经验的确立，标志着安吉白茶品牌建设走进了一个新阶段。

· 安吉白茶生产车间

一、打造品牌，提升品牌锻造力

安吉白茶产业在兴起之初是名不见经传的，靠茶农单家独户宣传打造品牌十分艰难并且效果甚微。安吉白茶在各级领导、专家的关怀下，在安吉县县委、县政府的政策引导下，通过各职能部门通力合作和茶叶企业共同配合，首创了“安吉白茶”母子商标品牌管理模式，在宣传母商标——“安吉白茶”的同时，推进了子商标——企业商标的培育。母商标宣传安吉白茶品牌，子商标做到产品质量追溯，将安吉白茶产品纳入统一品牌管理，提高了产品的信誉度。

二、提高市场竞争力和占有力

实施母子商标管理后，安吉县将安吉白茶包装进行了统一设计，使用单位严格按照《安吉白茶包装使用管理办法》《安吉白茶行业自律公约》等有关规定，申请并定量使用安吉白茶统一包装，提高了安吉白茶包装的形象，既打造了安吉白茶地理标志标识品牌，树立了统一的安吉白茶外观形象，又做到产品的质量可追溯性 。

安吉白茶通过母子商标的规范管理运用，在生产、加工、产品质量上统一严格执行国家标准GB/T 20354—2006《地理标志产品　安吉白茶》，企业内部建立质量自检机制。县农业局、县工商局、县质监局、安吉白茶协会等部门各司其

·白茶摊青车间

职，随机抽样调查，确保上市产品质量安全，极大地提升了安吉白茶品牌在国内外知名度和美誉度，提高了安吉白茶的市场占有率和品牌竞争力。

三、提升产业组织化程度

母子商标制管理模式的运用，使家庭作坊逐步向规模化靠拢，促进了生产者小户靠大户、大户联合作社，建立“公司+合作社+基地+农户”的经营联合体，实施了订单式农业、农资统供、病虫害统防统治、加工的全程机械化，逐步摆脱了农业生产的小规模现状，提高了产业的组织化程度。

四、规范品牌运作体系

安吉县根据证明商标管理使用规则的规定，实施了安吉白茶“四统一”管理体系。即统一品牌，合力打造“安吉白茶”地理标志区域公共品牌；统一质量标准，严格执行国家标准GB／T 20354—2006《地理标志产品　安吉白茶》；统一包装，实行母子商标统一进行包装设计；统一监督管理，行业内监督、企业自检和监督检查三者相结合。形成了企业自律、协会管理、行政监督相结合的安吉白茶品牌管理体系。

五、品牌宣传树形象

安吉白茶神秘而悠久的历史底蕴，是品牌建设的灵魂。品牌需要与老百姓叙话、沟通，虽然有神话意义，但也要与时俱进。制定标准、白茶文化节、斗茶会、专家研讨会、新闻发布会、白茶祭祖、白茶谷、白茶街、博览会、展销会、生态文化影视基地等，每一次的策划，都让安吉白茶的品牌彰显得丰满，达成了安吉白茶和老百姓之间的切身体验及沟通。安吉县充分利用央视、省台、名报、名刊、百度、腾讯等各大媒体网络的力量，让新闻报道走进安吉，向世人介绍安吉的自然人文，向世人展示安吉白茶的风采。

风风雨雨建设路，安吉白茶在短短的二十几年时间里取得了惊人的成绩，受到了业界的广泛赞誉，这与科学的管理理念和安吉人勤劳的双手有着密不可分的关系。安吉人坚信安吉白茶的明天会更加美好，更加耀眼夺目。

知识链接

白茶挑选常识

在选购安吉白茶时，消费者可通过干看外形、湿评内质两步鉴别茶叶品质。

首先，干看外形。消费者可以通过观看干茶的色泽鉴别安吉白茶的优劣，精品安吉白茶干茶嫩绿、显玉色，就是俗话所说的“白”，且条直显芽，芽头壮实；特级安吉白茶嫩绿带点玉色，不如精品白；一级安吉白茶色嫩绿润，玉色不明显；二级安吉白茶色绿，略有梗，玉色不明显。

其次，湿评内质。主要通过观汤色、闻香气、尝滋味、看叶底来鉴别茶叶品质优劣。精品安吉白茶汤色嫩绿明亮、嫩香持久、滋味鲜醇甘爽，叶底叶白脉绿，一芽一叶，芽长于叶，成朵、匀整。随着质量等级降低，汤色由嫩绿转绿，亮度降低；香气由嫩香转清香，香气持久度降低；滋味由鲜醇变得醇厚、涩口，鲜爽度降低。

产品概况

产 品 名 称：长兴吊瓜籽

国家公告号：国家质量监督检验检疫总局2008年第140号

保 护 范 围：长兴县现辖行政区域

長興吊瓜籽

东临太湖，西倚天目，满目的青山，翠绿的碧波绵延了1430平方公里，长兴县犹如一颗璀璨的明珠，熠熠生辉了千百年。来到长兴县白岘乡，一阵清香扑鼻而来，悬挂在瓜藤上的吊瓜如一个个色彩斑斓的灯笼在阵阵微风中不时地摆动。吊瓜营养丰富、风味独特，具有很高的药用价值。吊瓜籽壳薄仁肥，待炒熟后，更是脆香特异，一人尝之，香溢满堂，令人爱不释口。

地理环境

太湖望县 锦绣长兴

长兴县位于浙江省最北端，东临太湖，西倚天目，满目的青山，翠绿的碧波绵延了1430平方公里。这里是多山区，森林覆盖率达到46%，植被茂密，拥有山林96.41万亩，其中竹林面积26.79万亩。长兴县三面环山，一臂挡湖（太湖），湖岸线长达31公里，境内拥有十里古银杏长廊，金钉子远古世界景区，中

国扬子鳄村，大唐贡茶院，陈武帝故宫，环太湖旅游区，碧岩、香山、仙山湖、顾渚山等风景区，这个璀璨的“太湖明珠”凭借着悠久的历史，深厚的文化底蕴，优越的生态环境熠熠生辉。

璀璨明珠 吊瓜故里

长兴县的发展离不开这里得天独厚的自然环境，吊瓜当属这里自然的馈赠。吊瓜属喜光、耐阴的植物，充足的光照会促进吊瓜碳水化合物的合成，也是吊瓜籽粒饱满、果实成熟的重要条件之一。同时，吊瓜对于水分的要求较高，由于吊瓜根系粗壮，须根较少，吸收水分完全依靠主根。因此，土壤必须始终保持潮湿，但又不可积水。长兴县属北亚热带季风气候区，其特点是四季分明，季风显著，空气湿润，雨热同季，降水充沛，光照丰富。多年平均气温16.2℃，生长期

年平均314天，无霜期年平均240天。年平均日照时数1678.2小时，这样的气候特点适宜吊瓜的生长。

吊瓜最适宜的土壤为土质疏松，透水通气良好的砂质壤土。长兴吊瓜生长区域均以砂壤土为主，土壤风化程度较高，土质疏松，土层发育和土壤微团体发育良好，富含有机质和微量元素。

文化背景

庭院深处人未识 藤条摇曳枝蔓蔓

吊瓜，又名栝楼，别名：瓜蒌、药瓜、栝楼蛋、果裸、王菩、地楼、泽巨、泽治、王白、天瓜、泽姑、天圆子、柿瓜、狗苦瓜、野苦瓜、杜瓜、大肚瓜、山金匏、大圆瓜、苦瓜（乐清）、老鸦瓜（温州）等。

类属：葫芦科栝楼属。

吊瓜是在原始野生蔓性植物上通过种子繁育而来的稀有品种，且种植历史悠久，在清朝嘉庆十年（1805年）的《长兴县志》第十五卷中就有关于瓜蒌子（吊瓜）的种植记载。长兴县是全国惟一规模开发食用栝楼（吊瓜）基地县，长兴吊瓜在长兴县独有的土壤水分环境、气候、植被等自然条件下非常适宜吊瓜营养成分的形成与积累，生产的优质吊瓜籽具备了独有的特色，经炒制加工后香气扑鼻，具有营养价值高、壳薄、仁肥、质脆、香浓、口感佳等特点，深受消费者青睐，是浙江省驰名土特产品之一。

在20世纪80年代以前，长兴吊瓜只有在白岘乡罗岕村、白岘村等部分山区农民房前屋后、庭院和菜园篱笆边种植，且少管理，任其自然生长。待秋后采其果，取其籽洗净晒干，放至春节期间，经炒制后招待宾客用。进入90年代后，白岘乡农民率先在溪滩、岗地、旱耕地上进行搭架试种，自此，长兴吊瓜开始从自产自用走上了农产品市场化的道路。

文化积淀

吊瓜在《诗经》中称“果赢”；在《吕氏春秋》中称“王菩”；在《神农本草经》中称“地楼”；在《针灸甲乙经》中称“瓜楼”；在其他历史名著和各地民间称为“泽姑”“黄瓜”“柿瓜”“大瓜”等均有之。它的药用价值和功效在历代多部医药文献典籍中均有叙述，如在《本草纲目》《本草经集注》《丹溪心法》《药性类明》《雷公炮炙论》《东医宝鉴》《针灸甲乙经》《四川中药志》等历史医药学名著中对栝楼（吊瓜）的果实、根、皮的药用价值、使用方法、使用量均作了详细的阐述。

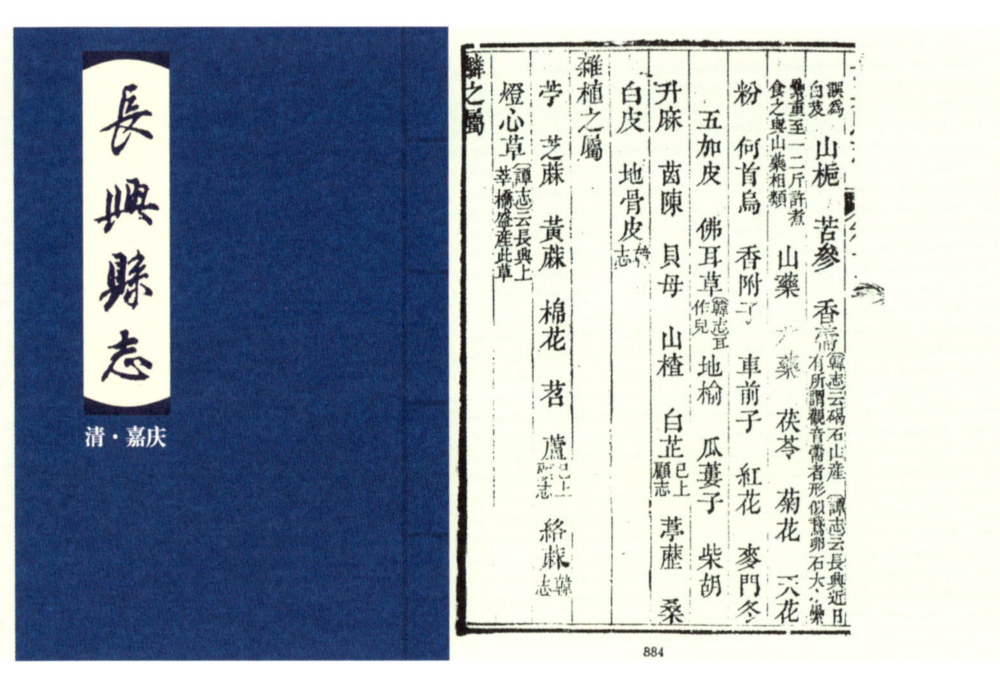

品牌建设

长兴吊瓜协会成立于1999年，于2003年9月在民政部门登记，其生产经营的主要产品是吊瓜籽，商标为“白岘”牌。协会主要开展的活动是为企业和农民搜集、整合市场信息，提供技术支持，提供咨询服务，定期开展交流，监督和协助提高行业的技术水平，真正做到为农民和企业服务。协会在成立以来通过多年的努力，得到了快速的发展，其服务范围从乡到县再到周边县市，为当地农村产业结构调整和农民增收作出了巨大贡献。

为提高长兴吊瓜的产量，确保吊瓜籽产品质量，长兴县农业部门常年聘请浙江大学农学院、南京野生植物研究所的有关专家指导技术攻关。2002年，长兴万亩吊瓜种植基地被列为“浙江省优质高效农业示范基地”，同时被浙江省绿色农产品认定委员会认定为绿色农产品；同年，浙江省质量技术监督局认定长兴栝楼（吊瓜）为“浙江质量信得过产品”并颁发荣誉证书。长兴吊瓜生产、加工的龙头企业长兴泰明食品有限公司被湖州市认定为质量信用企业，被湖州市名牌产品认定委员会认定为湖州市名牌产品。2007年，“长明”牌被

评为浙江省著名商标，在浙江省农业博览会上，被评为浙江农业博览会金奖。2004年由长兴县人民政府承担的“长兴县食用吊瓜种植标准化示范区”项目通过国家级验收；同年，长兴县被中国特产之乡命名委员会命名为“中国吊瓜之乡”。

知识链接

吊瓜籽仁的不饱和脂肪酸含量达到59.16%，含17种氨基酸，16种微量元素。现代医学证明吊瓜籽具有味甘，性寒，润肺化痰，清热消肿，宽胸散结，滑肠通便之功效。经常适量食用，有扩张心脏冠脉，增加冠脉流量的作用；对

急性心肌缺血有明显的保护作用；对糖尿病有一定的改善功能；对高血压、高血脂、高血黏度有辅助疗效；能提高机体免疫力，并达到瘦身美容功效。

产品概况

产 品 名 称: 杭白菊

国家公告号: 国家质量监督检验检疫总局2002年第48号

保 护 范 围: 浙江省桐乡市现辖行政区域

杭白菊

『千叶玉玲珑』是古人对杭白菊的一个美丽称谓。杭白菊这个因徽帮茶商与南洋老板斗智而巧得美名的『菊中佳品』，因其花蕊金黄、朵大肉厚、香浓而幽雅的观赏价值和止痢、消炎、明目等的药用价值，使其畅销中国港澳台和东南亚地区，名声远扬，无人不知。『小桥流水人家』的水乡古镇乌镇，茅盾、丰子恺等文化名人的纪念场馆，构筑了美丽的桐乡，孕育出了多姿多彩的杭白菊文化。每到深秋、初冬时节，桐乡到处繁花如雪，弥望皆白，清香四溢，呈现出一片菊花的海洋。

地理环境

诗意话桐乡 菊香飘神州

桐乡市位于浙江省北部杭嘉湖平原，素有“鱼米之乡”“丝绸之府”“百花地面”“文化之邦”的美誉。绵延的大运河、肥沃的土壤孕育了桐乡悠久的历史文化，构成了江南水乡独特而浓厚的自然人文景观。这里有“小桥流水人家”的水乡古镇——乌镇，有每逢秋季遍布田野的杭白菊，也有留下茅盾、丰子恺、钱君匋等文化名人成长足迹、作品的名人纪念场馆。来到这里，可以远离尘嚣，游览千年古寺福严寺，感受佛教文化的精深博大；也可逛逛全国最大的羊毛衫集散中心——濮院羊毛衫市场，精挑细选几件物美价廉的羊毛衫；还可以游览香市，领略江南水乡风情，融入江南多姿多彩的传统文化。

杭白菊，是经芽变和人为选择逐步演变而成，在生育特性、形态特征和品质表现方面具有相对稳定性，是久负盛名的“菊中珍品”。杭白菊是著名的“浙八味”之一，具有清心解渴、润喉生津等功效。除了药用价值外，杭白菊还是很好的饮品，其菊味微甜甘醇、香味浓，受到广大消费者的青睐。

那么作为“菊中珍品”的杭白菊为何生长在桐乡？桐乡有什么优秀的自然条件呢？

桐乡地处北纬30°28′～30°47′，东经120°17′～120°39′。属典型的亚热带季风气候。温暖湿润，四季分明，雨水丰沛，日照充足。具有春湿、夏热、秋燥、冬冷的气候特点。桐乡年平均气温16.5℃。年无霜期243.6天。桐乡的气候条件为杭白菊的生长提供了良好的环境。

桐乡为长江三角洲平原的一部分。境内地势平坦，河网密布，地壳较为稳定，土地承载力每平方米为20吨，无地震、地裂带。境内土壤为江、海、湖沼沉积物，分属水稻土和潮土两类，土地肥沃，有机物含量高，十分适宜种植水稻和经济类作物。

桐乡优越的地理环境，给杭白菊提供了良好的生长环境。时至今日，每到深秋、初冬时节，桐乡遍地菊花，呈现出一片菊花的海洋。

· 乌镇风光　桐乡市质量技术监督局 / 供图

• 乌镇风光　刘丽萍 / 摄影

文化背景

贾侩斗智巧夺利 杭州白菊却传芳

每年的深秋、初冬时节，桐乡农村到处繁花如雪，弥望皆白，清香四溢。桐乡被誉为“百花地面”，实在是名实相符。

出产在桐乡的杭白菊，花瓣洁白如玉，花蕊灿如黄金，色香高雅，味甘性凉，药食同源，有“菊中珍品”的美誉。明末清初杰出农学家张履祥所著《补农书》中曾提到“吾里不种棉花，亦有以此为业者。但采摘费工，及适市贸易，耳目混乱耳。种植甚易，只要向阳脱水而无草，肥粪甚省，黄白两种，白者为胜。”可见，桐乡栽培白菊花当时已达到一定的规模。

白菊花既然产于桐乡，为何称其为“杭白菊”呢？

早在1912年，桐乡的白菊就被当时一位安徽茶商汪裕泰转手销往南洋各国，誉满海内外。而桐乡本地的菊商朱金伦也因此受益匪浅。朱金伦从农民手里把晒干的菊花收购进来，经过精心处理、加工和包装，并按茶商汪裕泰的要求，贴上商标和产品说明，然后通过茶商转卖给南洋商人梁老板。徽帮茶商汪裕泰是个精明的老板，他熟谙商界竞争之道，为了防止南洋商人甩掉他这个中间商，就吩咐朱金伦，在所有桐乡出去的白菊花封包上，都贴上“杭州西湖金轮茶庄出品”的字样。后来，精明的梁老板果然使出“过河拆桥”的伎俩，他撇开汪老板直接来杭州寻找“西湖金轮茶庄”。当然，他是找不到的。但从此桐乡的白菊花就冠上了“杭白菊”的名称了，一直沿用至今。

阿牛和菊花仙子

很早以前，大运河边住着一个名叫阿牛的农民。阿牛家里很穷，他7岁就没了父亲，靠母亲纺织度日，生活艰辛，母亲经常哭泣，把眼睛都哭坏了。

阿牛长到13岁，对母亲说：“妈妈，你眼睛不好，今后别再日夜纺纱织布了，我已经长大，我能养活你！”于是他就去张财主家做小长工，母子俩苦度光阴。两年后，母亲的眼病越来越重，不久便双目失明了。阿牛想，母亲的眼睛是为了我而盲的，我无论如何也要医好她的眼睛。他一边给财主做工，一边起早摸黑开荒种菜，靠卖菜挣些钱来给母亲求医问药。但不知吃了多少药，母亲的眼病还是不见好转。一天夜里，阿牛做了一个梦，梦见一个漂亮的姑娘来帮他种菜，并告诉他说："沿运河往西数十里，有个天荒荡，荡中长着一株白色的菊花，能治眼病。这花要九月初九重阳节那天才开放，到时候你用这花来煎汤给你母亲吃，一定能治好她的眼病。"重阳节那天，阿牛就带上干粮，去"天荒荡"寻找白菊花。原来这里是一个长野草的荒荡，俗称"天荒荡"。他在那里找了很久，只看见黄菊花，就是不见白菊花，一直找到下午，才在草荡中一个小土墩旁的草丛中找到一朵白色的野菊花。这株白菊花长得很特别，一根分九枝，眼前只开一朵花，其余八朵含苞待放。阿牛将这株白菊花，连根带土一起挖了回来，种植在自家屋旁。经他浇水护理，不久，其余8朵花也陆续绽开，又好看又香。于是，阿牛每天采下一朵煎汤给母亲服用，在吃完第7朵菊花之后，母亲的眼睛竟开始复明了。

白菊花能治眼病的消息很快就传了出去，村上的人纷纷赶来观看这株不寻常的野菊花。张财主听说后，便把阿牛叫去，命他立即把那株白菊花移栽到张家花园中去，阿牛当然不肯，张财主心想：你这小长工竟敢违抗主命，当场决定辞退阿牛，并派了几个手下赶到阿牛家抢那株白菊花。双方争夺之下，菊花被折断，那几个人扬长而去。阿牛见这株能为母亲治好眼病的白菊花横遭摧残，十分

·菊花仙子　姚颖雅／摄影

· 王雯雯 / 摄影

伤心，坐在被折断的白菊花旁一直哭到天黑。半夜之后，他朦胧的泪眼前猛然一亮，上次梦见的那位漂亮姑娘竟又来到他面前。姑娘劝他说："不要伤心，回去睡吧。"阿牛说："这株菊花救过我的母亲，它被折死，叫我怎么活？"姑娘说："这菊花梗子虽然断了，但根还在，它没有死，你只要将根挖出来，移植到另一个地方，待到明年春天，它会爆出枝条来的。那时你再剪下枝条去插种，就又能长出白菊花。"阿牛问道："姑娘你是什么人？"姑娘说道："我是天上的菊花仙子，特来帮助你，你只要按照一首《种菊谣》去做，白菊定会种活。"接着菊花仙子念道："三分四平头，五月水淋头，六月甩料头，七八捂墩头，九月滚绣球"，念完就不见了。

阿牛回到屋里仔细推敲菊花仙子的《种菊谣》，终于悟出了其中的意思：种白菊要在三月移植，四月掐头，五月多浇水，六月勤施肥，七月八月护好根，这样九月就能开出绣球状的菊花。阿牛根据菊花仙子的指点去做了，后来菊花老根上果然爆出了不少枝条。他又剪下这些枝条去扦插，再按《种菊谣》说的去栽培，第二年九月初九重阳节便开出了一朵朵芬芳四溢的白菊花。后来阿牛将种菊花的技艺教给了村上的穷苦百姓，种白菊花的人越来越多了。因为阿牛是在九月初九找到这株白菊花的，所以后来人们就将九月九日称作"菊花节"，并逐渐形成了赏菊花、喝菊花茶、饮菊花酒等风俗。

品牌建设

凤鸣菊艳 风雅桐乡

桐乡市政府十分注重“杭白菊”种质资源的保护和产品开发工作。1999年4月，桐乡市人大常委会决定以菊花为市花，同年11月举办桐乡首届菊花节。1999年5月，桐乡市被国家农业部命名为“中国杭白菊之乡”。2000年8月，桐乡市因“世界上最大的田野菊海”被上海大世界吉尼斯总部列入了世界吉尼斯名录，成为世界之最。2001年，桐乡杭白菊生产基地被农业部、对外经济贸易合作部认定为“全国园艺产品出口示范区”。

秋花第一市，菊景甲天下。从1999年首届菊花节的成功举办，至今，桐乡市已成功举办了十一届菊花节。菊花节把桐乡市和杭白菊紧紧地连在一起，使杭白菊名声大震。借助杭白菊这一载体，桐乡市以菊办节，使菊花节成为具有文化内涵的城市品牌。

• 杭白菊　王雯雯 / 摄影

知识链接

杭白菊挑选常识

特级：花型完整，花瓣厚实，花朵大小均匀；无霜打花、霉花、生花、汤花；入水泡开后花瓣玉白，花蕊深黄色泽均匀；汤色澄清，浅黄鲜亮清香，甘醇微苦。

一级：花型基本完整，花瓣较厚实，花朵大小略欠均匀；霜打花、霉花、生花、汤花在5%以内；入水泡开后花瓣白，花蕊呈黄色；汤色澄清，浅黄清香，甘微苦。

二级：花朵大小略欠均匀；霜打花、霉花、生花、汤花在7%以内；入水泡开后花瓣灰白，花蕊浅黄；汤色澄清、浅黄较清香，甘微苦。

杭白菊冲泡方法

1. 取杭白菊3～4朵，放入400毫升左右玻璃杯中。
2. 加开水（100℃）约七八分满，盖上盖子，浸泡3～5分钟，即可趁热饮用。
3. 喝至剩下1/3茶汤，再加开水冲泡，这样前后茶汤浓度较均匀。
4. 可加糖或蜂蜜，或掺入自己喜欢的任何一种茶叶一起冲泡，比如法兰西玫瑰、枸杞等。

·杭白菊冲泡　王雯雯 / 摄影

产品概况

产 品 名 称：金华火腿

国家公告号：国家质量监督检验检疫总局2002年第84号

保 护 范 围：金华市所属的婺城区、金东区、兰溪市、永康市、义乌市、东阳市、武义县、浦江县、磐安县以及衢州市所属的柯城区、江山市、衢县、龙游县、常山县、开化县等15个县、市（区）现辖行政区域

金华火腿

金华火腿具有俏丽的外形，皮薄亮黄、肉红似火的特征与悦人的风味，以『色、香、味、形』四绝闻名海内外。驰名中外的金华火腿，历来是朝廷贡品，宴席珍馐，家庭美肴，馈赠佳品。金华火腿堪称是历史悠久之中国传统名食。滚滚红尘，悠悠岁月，历代文豪早就与金华火腿结下了不解之缘。曹雪芹在《红楼梦》中提到的火腿菜多达十几种，并把火腿菜肴描写得活灵活现，宛如曹雪芹亲手献艺一般。金华火腿，这个承载着金华人民深厚情感和精神寄托的千年品牌，用独有的奇香、异色、美味和多姿多彩的火腿艺术，将金华展现给全国乃至世界，成为一张城市『金名片』。

三面环山夹一川　盆地错落函三江

“水通南国三千里，气压江城十四州”，这是宋代女词人李清照咏金华的千古绝句。金华位于浙江省中部，地处金衢盆地东段，境内江河纵贯，群山环绕，物产丰富。

金华是一座山水城市，她的自然风光极富特色。境内金华江自东向西横贯市区流入钱塘江的上游兰江，因国内罕见的西流水而成为一道独特的风景线。盆地东北部的金华山是国家级森林公园，植被丰富，风景优美，名闻遐迩的金华双龙风景区就坐落在金华山南坡。金华山具有典型的喀斯特地貌，洞连洞，景连景，

· 洪兵 / 摄影

当年大文豪郭沫若先生游金华山冰壶洞，感叹洞中飞瀑的奇景，挥笔写下了赞美冰壶洞的名句：“银河倒泻入冰壶，道是龙宫信是诬。满壁珠玑飞作雨，一天星斗化为无。瞬春新月轮轮饱，长有惊雷阵阵呼。压倒双龙何足异，嵌崎此景域中弧。”而叶圣陶先生的游记《记金华的两个岩洞》更是脍炙人口的经典范文。

金华属中亚热带季风气候，四季分明，气温适中，热量丰富，雨量充沛。优越的自然条件，独特的地理环境，使得金华处处呈现一派田园风光。浙江金华四季瓜果飘香，农畜牧业发达，有“浙江第二粮仓”和“中国金华火腿之乡”的美誉。其金华特产金华两头乌被称为“中华熊猫猪”，头尾黑，中间白，体型适中，皮薄骨细，肥瘦适度，肉质细嫩，曾多次被作为国礼赠送给友好国家，而驰名中外的金华火腿就是以两头乌的后腿为原料，加上金衢盆地独特的区域地理环境，以金华人民世代相传的独特技艺制作而成。金华火腿之所以甲天下是由其得天独厚的地理条件和人文特色所决定的。

· 周沿伶 / 摄影

·徐金星／摄影

金华火腿 “千年活文物”

金华市具有1800多年的建城历史，古称“婺州”，以其悠久的历史和深厚的文化底蕴而闻名于世。金华市是国家级历史文化名城，全国著名的宜居城市。金华虽享誉中外，金华火腿却更胜一筹。外地人与金华人初次见面时，往往对方第一句话就是：“出金华火腿的地方！”金华火腿名气之大，可见一斑，与大名鼎鼎的茅台酒和茅台镇的关系非常类似。金华火腿与西湖龙井、绍兴黄酒并称“浙江三绝”。

火腿生产年代久远，创自何人，始于何时，因源远流长，无从确考。据唐开元年间陈藏器所著《本草拾遗》等书记载：“火骽（即火腿）产金华者佳”。据此可断定唐开元（713年）以前，已有金华火腿生产，距今已有1300年之久。

火腿之名，最早见于明代沈德符的《万历野获编》。《野获编补遗·光禄官窃物》：“万历十八年（1590年），光禄寺丞茅一柱盗署中火腿，为堂官所奏，上命送刑部。”

火腿最早的制作方法，见明高濂撰的《遵生八笺》。至现代，金华火腿的制作需经“低温腌制、中温脱水、高温发酵”三大工艺，二十四道工序。其中最具代表性的是修腿、上盐、洗晒、发酵、闻香这五道工序。金华火腿因地域、原料、技术和加工季节不同可分为许多品种，各具特色。腌制于隆冬者，称“正冬

腿”；腌制于初冬者，称“早冬腿”；腌制立春以后者，称“春腿”；将腿修成月牙形者称“月腿”；用前腿加工，修成长方形者称“风腿”；经竹叶熏，带有竹子清香的称“竹叶熏腿”；以低盐腌制，清淡醇香的称“淡腿”；用狗腿腌制，则是别有风味的“戌腿”。

金华火腿，是金华人民勤劳与智慧的结晶，对世界火腿有着深远的影响。相传元初，意大利旅行家马可·波罗将金华火腿的制作方法传往欧洲。至今，意大利、西班牙和法国民间的火腿依然保有中式火腿的传统特色。

鲁迅与金华火腿

鲁迅先生作为中国现代文学史上的泰山北斗，不光文章写得好，同时也是做菜的一把好手，“清炖火腿”可算是他的拿手菜肴。1929年，他从上海回北平探亲，就亲手做了“清炖火腿”。午饭过后，鲁迅询问家里人平时是怎样烹调火腿的，家里人异口同声地回答道：“蒸”。对此，鲁迅对家里人吃火腿“千篇一律总是蒸”的做法，感到十分的惋惜。鲁迅先生平时很喜欢研究火腿的吃法，他在北平生活时，更时常自己亲手做“干贝炖火肉”来招待朋友。为此，他的朋友时不时就去鲁迅家里做客，好品尝这道“干贝炖火肉”。鲁迅曾向川岛先生介绍“干贝炖火肉”这道菜的做法。鲁迅说：“干贝要小粒圆的才糯。炖火腿的汤，撇去浮油，功用与鱼肝油相仿。”鲁迅先生学过医学，通晓人体生理机能，懂得食品营养，上述的说法，定有独到的根据。我们从鲁迅日记中可以看出，他十分爱吃金华火腿，并吃过贡腿——“雪舫蒋腿”。“雪舫蒋腿”，皮薄脚细、腿心

·本组图片均由金字火腿股份有限公司提供　　·徐金星／摄影

饱满、精肉细嫩、红似玫瑰、亮若水晶、不咸不淡、香味清醇，堪称金华火腿之极品，那时民间流传着这样一段话：“中华火腿出金华，金华火腿出东阳，东阳火腿出上蒋，上蒋珍品雪舫蒋”。鲁迅先生也曾品尝过云南火腿，并作了品评，但鲁迅先生最爱的还是金华火腿。

浦江火肉 金华

明 · 张 岱

至味惟猪肉，金华早得名。
珊瑚同肉软，琥珀并脂明。
味在淡中取，香从烟里生。
雪芽何时动，春鸠行可脍。

· 金字火腿股份有限公司 / 供图

· 郭瑞山 / 摄影

· 徐金星 / 摄影

· 金华市汉邦食品有限公司 / 供图

红楼火腿菜 道道益不同

金华火腿成名后，文人雅士争相食用。大作家曹雪芹是位精于烹调的美食家，在其《红楼梦》中提到的火腿菜多达十几种，不少还描述得活灵活现，犹如作者亲手献艺。如《红楼梦》第16回提到王熙凤建议赵嬷嬷吃“火腿炖肘子”，而金华人叫“金银蹄膀”，即用金华火腿与新鲜的猪蹄为料，文火慢炖，香飘四邻，引得寺庙罗汉也闻香跳墙而来，又有“罗汉跳墙”的美称。火腿菜不仅是美味佳肴，而且能开胃益脾。又如第87回中写到紫鹃建议林黛玉尝一尝“火肉白菜汤”，这道菜以火腿提鲜，给病后的林黛玉开胃滋补身体，大有益处。

雅舍谈吃 回味无穷

近代，最感人的是中国台湾地区的梁实秋先生在台湾《联合报》上发表的散文《雅舍谈吃——火腿》。文中追忆当年他在上海大马路“天福火腿店”买金华火腿的情趣。他称赞道：“瘦肉鲜明似火，肥肉依稀透明，佐酒下饭为无上妙品。”并感叹：“至今思之，犹有余香。”吃火腿的当年到散文发表之时应该不短，数十年过去记忆犹新，回味无穷，可见金华火腿的魅力和中华饮食文化的感召力。

金华火腿 香传千年

翻开金华火腿发展史，清代已远销日本、东南亚。20世纪30年代起畅销英国和美洲等地，1905年曾获德国莱比锡国际食品博览会金奖，1913年获南洋劝业会奖状，1915年又获巴拿马万国商品博览会一等奖，1929年再获杭州西湖商品博览会特等奖，走出国门并屡屡获奖使金华火腿饮誉海外，被公认为世界三大名火腿之一。金华火腿一贯注重品牌建设，浙江雪舫工贸有限公司的“雪舫蒋”牌、金字火腿股份有限公司的“金字”牌、金华火腿实业有限公司的“金都”牌、金华市邵万生泰康食品有限公司的“真方宗”牌、金华金年火腿有限公司的“金年蒋”牌等品牌在国内享有很高的知名度和美誉度。雪舫蒋腿产于东阳上蒋村，具有皮薄、脚细、不咸不淡、香味清醇等特点，是金华火腿中的极品。当年红顶商人胡雪岩将雪舫蒋腿送给京城达官贵人，经官宦之口传播，名满京都，故民间有“金华火腿出东阳，东阳火腿出上蒋”之说。2006年，浙江雪舫工贸有限公司注册商标为“雪舫蒋”的雪舫蒋火腿列为中国商务部认定的第一批“中华老字号”品牌。

1995年，金华被命名为“中国金华火腿之乡”。2002年，金华火腿被国家质检总局批准为原产地保护产品。2007年，国家商标局核准“金华市金华火腿”地理标志证明商标成功注册。2008年，“金华火腿腌制技艺”被国务院公布为第二批国家级非物质文化遗产名录。金字火腿股份有限公司、金华火腿实业有限公司、浙江雪舫工贸有限公司、金华市邵万生泰康食品有限公司、浙江大江南食品有限公司等五家企业和金华火腿行业协会被确定为非物质文化遗产传承基地。金华市的于良坤被确定为国家级非物质文化遗产——金华火腿腌制技艺传承人，东阳市的吴荣仁被确定为省级非物质文化遗产——金华火腿腌制技艺传承人。2010年，金字火腿股份有限公司在深圳交易所上市，成为全国火腿行业首家上市公司。

为宣传金华火腿的千年历史文化和世界火腿历史文化。2008年，金字火腿股份有限公司建成国内惟一的中国火腿博览馆，2013年建成世界火腿博览馆，现两个火腿博览馆均对外免费开放，供游客了解中外火腿的历史。

金华火腿，这个承载着金华人民深厚情感和精神寄托的千年品牌，它用优良的品质为金华铸造了一张享誉世界的“金名片”，金华火腿名扬四海，香传千年。

火腿的食用方法

食用方法：火腿的营养价值很高，含有18种氨基酸，其中8种是人体不能自行合成的。火腿的吃法很多，一般以清炖和蒸吃为宜。

炖法：火腿同猪爪、蹄膀、鸡、鸭等同炖，炖烂熟透即可。若火腿与鸡整只同炖，名为“一品锅”，做此菜时，除适当用盐和黄酒外，切不可加酱油，否则有失火腿本味，可加香菇、木耳等配料，是一道可口滋补的佳肴。

蒸法：蒸法可分为清蒸和混蒸。清蒸，即取火腿精华部分，以上方、中方（整只火腿的中间部位）为宜，去皮去骨，切成立方体块状，置于碗中，放少量黄酒，可适当加冰糖，不放水，碗上加盖在锅中蒸熟即成，味极香而甜美，是食欲不振或病后养身的佳肴。清代赵学敏《本草纲目拾遗》卷九将火腿作为食疗的主要代表。书中指出：“凡金华冬腿三年陈者，煮食气香盈室，入口味甘酥，开胃异常，为诸病所宜”。著名的金华火腿菜“蜜汁火方”则用当地特产兰溪蜜枣、武义宣莲、金华火腿的上方或中方合蒸而成，蜜汁火方是用蒸法烹饪的极具代表性的金华火腿菜肴。混蒸，则是同蔬菜或海味或鱼鲜等混合同蒸，其花色品种繁多。

· 金华市汉邦食品有限公司 / 供图

· 浙江雪舫工贸有限公司 / 供图

火腿的储藏方法

金华火腿往往一次吃不完，剩余之腿，应妥善保管，才能保持原有风味。购买火腿后，无论什么包装，带到家后即将包装物除去，将火腿悬挂在通风阴凉处。一只完整火腿，若保管得当，两三年后仍可保持原有色、香、味、形的特色，已经斩切或零斩过的火腿，应在刀口处涂上植物油，再贴上一层聚乙烯膜或油纸，既能防走油，又能防刀口处脂肪氧化，产生哈喇味。有条件的应储存在冰箱0~4℃环境下，可久贮不变质。

产品概况

产 品 名 称：常山胡柚

国家公告号：国家质量监督检验检疫总局2003年第12号

保 护 范 围：浙江省常山县现辖行政区域

常山胡柚

常山地处山高林密的钱江源头，远离尘嚣和污染，这里孕育着世界独有的珍奇水果，享受着『中华第一杂柑』的美誉。它色泽金黄似球形的精致外观、盈千累万的营养价值以及强身益体的药理功效，深受世人的瞩目与喜爱。常山胡柚历经岁月的洗礼，从一棵满载着富裕和希望的『摇钱树』，转变为人们心目中的『喜顺果』，象征着喜气和孝心，并成为一种文化的代名词。

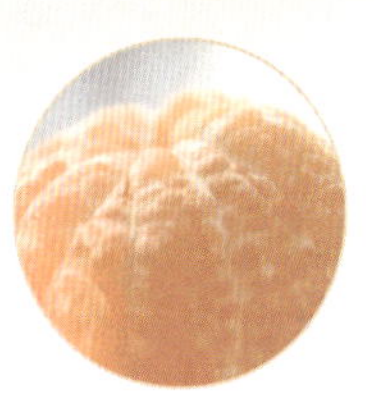

好山好水常山秀 柚花飘香满枝头

常山县位于浙江省西部，地处闽、浙、赣、皖四省咽喉，素有“四省通衢，两浙首站”之称。全县面积1099平方公里，人口32.54万人，其中，农业人口占80％以上，是一个名副其实的农业县。常山县名优特新农产品众多，先后被命名为“中国常山胡柚之乡”“中国油茶之乡”“中国食用菌之乡”。

常山县地处东经118°22′~118°48′,北纬28°15′~28°53′，属亚热带季风气候，四季分明，光照充足，雨水充沛。年平均气温17.3℃，年降水量900~1600毫米，无霜期238天。常山良好的气候条件，满足常山胡柚的生长所需的气候条件。

常山县地貌特征以丘陵山地为主，土质以红壤土、黄壤土等为主。土壤肥沃，富含多种矿物质。优良的土壤条件，为常山胡柚果品带来了优质、高产和稳产的特点。

常山县这座拥有1800多年历史的文化古县，用它优秀的自然条件孕育着这颗“金明珠”——常山胡柚。常山胡柚凭借优良的品质，赢得了人们的喜爱，成为常山县的知名品牌。

·芙蓉峡谷

文化背景

常山县是常山胡柚的原产地，有着悠久种植历史。早在100多年前，常山县青石镇的底铺和澄潭两村已开始种植。现在，澄潭村胡家自然村仍有一株树龄约90年，当地人称为“祖宗树”的常山胡柚，还青枝绿叶，年年硕果满枝头。1961年浙江农业大学园艺系、农科院园艺所《衢县、常山柑橘资源调查》中提及60年前胡柚最初发现于底铺，并作有“极宜日后发展之品种之一者，增进品质，有发展前途”一说。

品牌建设

常山胡柚的不老传奇

常山胡柚是浙江省常山县的特色产品，在全国有良好的知名度，1986年、1989年两次在全国柑桔评比中被评为全国优质农产品奖。1991年2月经农业部检测授予“绿色食品证书”称号。1995年、1997年在第二三届全国农业博览会上获金奖。1998年，“常山胡柚”证明商标获国家商标局批准通过使用，成为浙江省第一个农产品证明商标。

为推进常山胡柚产业的发展，常山县政府大力实施标准化生产，推动常山胡柚的产业化。1992年开始对常山胡柚实施标准化生产，先后制定了国家、省和县级标准规范9项，在以标准化示范区项目、龙头企业＋基地＋农户等方式推广实施标准化的同时，积极创新，建立常山胡柚技术服务队，以“技术保姆”帮助农户按标准组织生产。目前，常山县胡柚种植面积达10万亩。胡柚产业化基地走在浙江省前列，先后被列入浙江省优化改造示范基地、省种植业高效示范基地、浙江省十大有机食品示范基地。

近年来，古老淳朴的常山人民在继承传统栽培技术的基础上，积极推广采用三疏二改、套袋、保鲜等标准技术。常山县质监局还开展了常山胡柚农残与相关因素的分析研究，以此指导柚农科学施肥打药，使得常山胡柚的品种特性进一步优化，胡柚产业成为常山县农业农村的支柱产业。

为进一步保护常山胡柚的传统特色和品质声誉，深入挖掘常山胡柚的潜在价值，发展壮大常山胡柚产业，常山县质监局积极建议常山县政府开展地理标志产品保护工作。2003年2月14日，国家质检总局批准对常山胡柚实施地理标志产品保护。目前，有55家企业获准使用地理标志产品专用标志，销售量占全县胡柚总产量的一半以上。为做好地理标志产品的监管，常山县政府职能部门每年一次对标志使用企业的胡柚实施免费抽检，对不合格企业责令限期整改。通过实施地理标志产品保护，常山胡柚的亩产增加580千克，亩产值增加696元，优质果比率提高19%，使用标志的胡柚比普通胡柚价格每千克高出0.6元。

·常山胡柚产区基地

常山县政府十分重视常山胡柚的品牌建设，加大对常山胡柚品牌培育力度。常山胡柚鲜果及系列加工产品拥有浙江名牌1个，浙江区域名牌1个，衢州名牌1个。为整合品牌资源，实施“四个统一”，即统一品牌、统一包装、统一标准、统一监管，发掘胡柚文化，打响“常山胡柚”“柚都常山”两大品牌。

常山县经过多年的发展，现有深加工企业6家，有胡柚砂囊、果脯、果茶、胶囊等10多个常山胡柚深加工产品，形成了“天子”“阿冬”“天乐”等知名品牌，产品盛销内地各大中城市和俄罗斯、日本、韩国、新加坡、菲律宾等地，已进入家乐福、沃尔玛、易初莲花等10多个大型超市，享誉海内外。

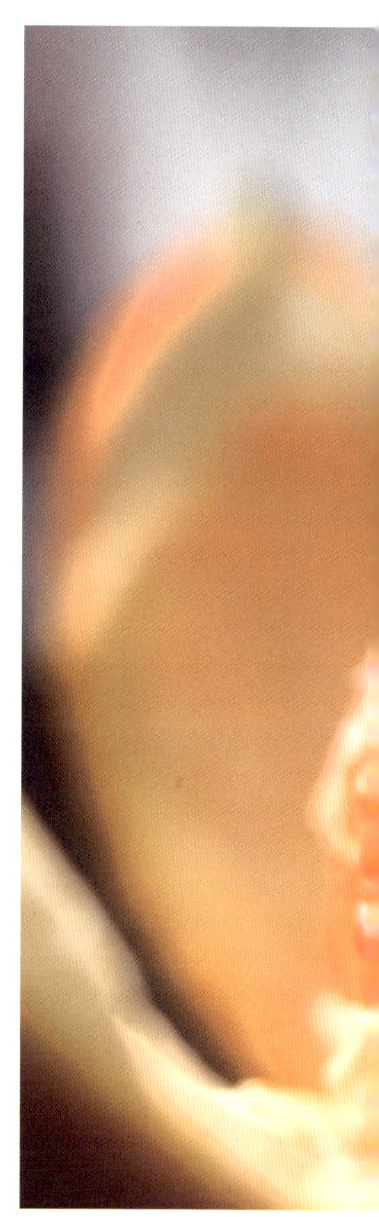

• 王雯雯 / 摄影

产品概况

产 品 名 称：黄岩蜜桔

国家公告号：国家质量监督检验检疫总局2004年第112号

保 护 范 围：浙江省台州市黄岩区现辖行政区域

黄岩蜜桔驰名中外，曾是历代皇家贡品，有『一从温台包贡后，洞庭罗浮俱避席』之美誉。黄岩蜜桔，闻之提神醒脑、沁人心脾；食之唇齿留香、润甜爽口，汲取状元宝地之灵气而形成独具特色的文化。

一颗蜜橘跨越了千年历史，在历史当中留下了浓重的一笔。每年正月十四十五夜，整个『橘乡』万灯竞放，除了举行橘花灯会外，城里每间房屋，都要点灯火；城外每片橘林，也都要点燃红烛，远远看去，烛光连成一片，这正是『一年好景君须记，十四十五橘乡情』。

九曲澄江如练 夹岸橘林似锦

“一年好景君须记，最是橙黄橘绿时。”中国蜜橘之乡——黄岩，地处浙江省中部，东濒海，西倚山，历史悠久、物产丰富，是浙江省中部黄金海岸带上的一颗璀璨明珠。黄岩农业素有“黄岩熟，台州足”的誉称。农业以种植水稻、柑橘为主，其特产黄岩蜜桔驰名中外，为世界柑橘始祖之一。《晏子春秋·杂下之十》中记载：“婴闻之，橘生淮南则为桔，生于淮北则为枳，叶徒相似，其实味不同。所以然者何？水土异也。”可见，蜜橘的生长发育对自然条件有其特殊的要求。

黄岩蜜桔，素有“天下第一果”的美誉，其独特的风味和优良的品质，离不开黄岩独特的地理气候条件。

黄岩属中亚热带季风潮湿气候，全年气候温暖湿润，四季分明。黄岩多年平均气温在10℃以上的积温为5336℃，无霜期250天，年日照时数为2000小时左右，光照充足，降雨充沛。黄岩中东部系“温黄平原”的一部分，平原地区河网纵横，平原土壤以冲积土、洪积土及滨海沉积土为主。土层深厚，富含氮、磷、钾、钙、镁及微量元素。特别是永宁江两岸的土壤，在咸水与淡水的交替冲淋灌溉作用下，土壤中营养元素的有效性大大提高，有利于植物根系对土壤养分的吸收。

黄岩，这座传承着江南水乡千年文化的古县，它像一座坚不可摧的堡垒，用它的“城墙”，捍卫着黄岩蜜桔优良的品质和独特的风味，一代代的黄岩蜜桔用它们“饱满的身姿”，向世人展现出“甜蜜的风采”。

·黄岩风光

千载历史半卷书 见证黄岩蜜桔情

有关黄岩蜜桔的栽培历史可以上溯到三国时代。三国东吴沈莹撰的《临海异物志》载："鸡橘，子如指头大，味甘，永宁界中有之"（鸡橘即金橘，系金柑之类，黄岩属临海郡，有永宁地名）。北宋欧阳修等编的《新唐书 · 地理志五》（约1060年）记载着："台州临海郡……土贡：金漆、乳柑、干姜、申香、蛟革、飞生鸟。"从上述记载证明，黄岩在公元3世纪已有金柑类栽培，公元7世纪已有乳柑作贡品。

至宋代，柑橘又有了发展。其时柑橘产地，据《柑子记》说，"台之州为县五，乳柑独产于黄岩。黄岩之乡十有二，而产独美于备礼之断江，地余四里，皆属富人。""断江之东为新界，西跨江，北为新南，地皆宜柑。""又有地，曰东江，亦宜柑，品出新南下，何敢望断江。"宋《嘉定赤城志》载："乳柑，出黄岩断江者佳也，他如方山下亦有之。"可见，宋代柑橘主要分布于永宁江中游的断江、新界、东江一带，并开始扩展到方山之麓。

元代，每年贡柑23000颗。至明代，柑橘产区逐渐向黄岩县城西、南扩展。1928年重修的《凤阳徐氏宗谱》载有万历年间徐贵格作的《橘柚主人传》："吾邑环西城外一望，皆橘柚之园，千株万株，不胜屈指数。至八九月间，次第成熟，累累下垂，殷红可爱，不啻火球之照耀。"反映了当时黄岩县城西南一带的橘乡风光。

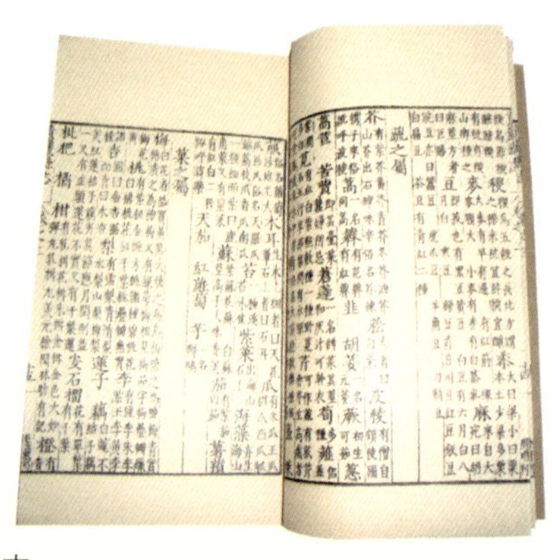

·万历黄岩县志

宋元代的柑橘品种，据载以“乳柑”最佳。清光绪《黄岩县志》按语说：“乳柑即蜜橘、早橘，出江田者最佳。”从上述记载分析而得，那时柑橘品种良莠，质量差异大，经过长期选择改良，逐渐分成今日乳橘、早橘和本地早三个品种。

南宋建炎四年（1103年），宋高宗赵构从舟山乘船逃到临海章安镇，正值元宵节，月明如昼，水天一色。这时上游驶来两只帆船，因为不知道楼船里坐着皇帝，没有回避，顺流乘风而下，直逼御舟。楼船头禁卫忙横矛喝问，方知是贩卖柑橘的黄岩船。这是最早记载的黄岩蜜桔通过水路远销埠外。

·本地早老树

至晚清，商业、交通日渐发达，柑橘业也日渐兴盛。清同治年间（1862—1874）柑橘商业兴起，橘商用木帆船装运朱红橘至乍浦销售，乍浦设有橘行，由此转运上海及苏州、杭州等地。至光绪廿二年（1896年），开始有轮船行于海门至上海之间，以后轮舶渐多，黄岩蜜桔就靠轮船直运上海。因交通方便，早熟的早橘开始运销上海，人称“黄岩蜜桔”，青果称“绿橘”。后又把“本地早”运到上海，商品名叫“天台山蜜橘”。从此，黄岩蜜桔名声大增，农民积极扩充柑橘栽培。至清末，柑橘种植规模约达1万亩左右。柑橘品种也逐渐更新。光绪以前以“朱红”为最多，后来“早橘”“本地早”逐渐发展，1912年以后，“早橘”取代“朱红”成为主栽品种。“不曼橘”在晚清逐渐扩种。

自1912年以来，柑橘商品生产进一步发展。在20世纪二三十年代，柑橘发展较快，并逐步形成了今日的澄江老橘区。据1932年浙江省农业改良场章恢志撰写的《浙江省永嘉、瑞安、平阳及黄岩柑橘调查报告》记载：“黄岩东自江口，沿永宁江、西江、南官河及其他支流两岸，俱成橘园。全县栽培面积约有

·橘神雕像

·柑橘始祖地纪念牌

·彩车上的小演员

一万五千余亩，产值约一百二十万元。”

新中国成立以后，中国共产党和人民政府十分重视柑橘生产的恢复和发展，并采取了一系列政策和措施。1951年，中国土产公司在黄岩建立了柑橘收购处，开始收购柑橘，打开柑橘销路。1952年柑橘出口苏联，开拓了国际市场。1952年3月在浙江省农林厅的支持下，成立了黄岩县柑橘指导所。1953年4月，华东农科所、浙江农科所及浙江省农林厅都派来了柑橘研究组和病虫防治组，对柑橘开展了系统的研究和指导。1956年，黄岩建立了柑橘行政主管机构——特产科（后改为特产局），加强了对生产的领导。从此，黄岩密桔的历史翻开了新的一页。

一年好景君须记 十四十五橘乡情

正月十四“间间亮”

每年正月十四夜，整个“橘乡”万灯竞放，除了举行橘花灯会外，城里每间房屋，都要点灯火；城外每片橘林，也都要点燃红烛，远远看去，烛光连成一片。这种风俗，橘乡称为“间间亮”。据传起于明朝，而且与戚继光抗倭有关。

明朝嘉靖年间，有一年正月十四日，民族英雄戚继光在海边打垮了一股倭寇。倭寇因无船出海，只得向内地溃窜。逃到黄岩时，已经天晚，正如丧家之犬，到处乱窜。有的躲进橘林，有的闯进民房。戚继光率军赶到，兵士和百姓一道，点灯燃烛，搜索残敌。顿时，县城内外，每间房屋，每片橘林，灯火辉煌。百姓们高兴地称为“间间亮”。为了纪念戚家军抗倭的胜利，这种风俗就世代流传下来了。

正月十五“放橘灯”

新中国成立以前，每年正月十五晚上，黄岩城外的澄江上要举行“放橘灯”的风俗。

这一天晚上，黄岩城里男女老少倾城而出。沿江鞭炮不绝，鼓乐喧天，各种杂技、百戏，应有尽有。临时摆设的饮食摊上，橘子酒、橘子汁以及各种点心夜食，声声叫卖。灯烛光下，人来车往，熙熙攘攘。江岸摆的一排排凳子上，坐满了看“放橘灯”的男女老少。

当夜幕降临，放橘灯的人都把早已制作好的橘灯，集中放到灯船上。橘灯的制作方式，是把橘子的上端剥开一小部分，取出橘肉，在橘壳中倒进一些芯油，放上一小根油带或灯芯草，点上火，橘壳中就会发出红光。有些能工巧匠，还选取最大的橘子，巧妙地挖完桔肉，用竹篾把枯壳撑紧，中间点上半支红烛，利用红烛燃烧产生空气对流的原理，制作了自动旋转的“走马灯”。“走马灯”上或绘八仙，或绘花卉，或绘奇禽异兽，千姿百态，各显神通。灯船慢慢撑到澄江中心，把千万盏各色各样的橘灯，都放到江面上，任它们随水漂浮。这时，江面上异彩纷呈，五光十色，十分好看。两岸观灯的人欢声雷动。老太婆们则喃喃念经，祈求佛祖保佑家中幸福，蜜橘丰收。

文化积淀

送青柑与秋房

宋·戴复古

百果之中无此香，青青不待满林霜。
明年归侍传柑宴，认取仙乡御爱黄。

次韵吕季克桔堤宋

宋·朱　熹

君家池上几时栽，千树玲珑亦富哉。
荷尽菊残秋欲老，一年佳处眼中来。

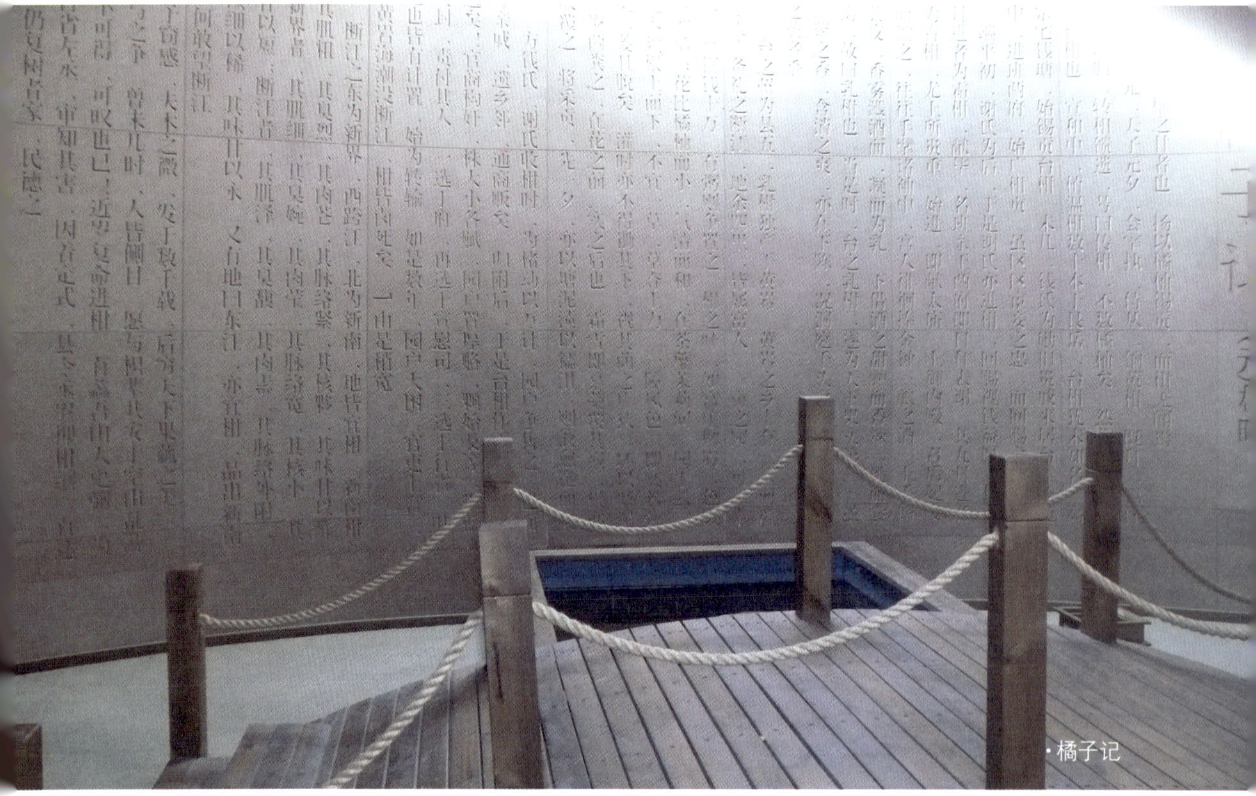

·橘子记

品牌建设

品牌铸造辉煌

黄岩蜜桔驰名中外，曾是历代皇家贡品，有“一从温台包贡后，洞庭罗浮俱避席”之美誉。

黄岩区委、区政府为充分发挥“黄岩蜜桔”这一金名片的优势，每年拿出500万元专项资金用于柑橘产业的发展，努力走精品化柑橘发展之路。黄岩现有7万亩的柑橘栽培产区，常年产量7.5万吨，年产值2亿元，精品柑橘园地达到2万多亩。黄岩现有柑橘加工企业10余家，其中黄罐集团为国家级加工龙头企业，黄岩区年加工柑橘的能力达到8万吨。黄岩区把黄岩蜜桔的质量安全和品质提升放在首位，实施品种改良和品质提升工程，应用高墩限根栽培技术、配方施肥技术、大枝修剪技术、设施栽培技术、完熟采收技术等先进实用技术，果实品质明显提高。2004年，黄岩蜜桔获国家质检总局地域产品保护，并制定了国家标准《地理标志产品　黄岩蜜桔》。目前，黄岩区共有2万亩黄岩蜜桔通过森林食品认证，5000亩黄岩蜜桔通过省无公害农产品认证，5000亩黄岩蜜桔通过中国绿色食品认证。随着黄岩蜜桔产品质量不断提升，也给黄岩蜜桔带来了一系列的荣誉称号。1993年，在浙江省优质农产品展销会上，黄岩本地早蜜橘获得“最畅销水果”称号。1994年，本地早蜜橘、宫内伊予柑鲜果获浙江省评比一

·中国柑橘博物馆

等奖。1996年黄岩获“中国蜜橘之乡”殊荣。

黄岩区把“黄岩蜜桔”这一千年品牌用地理标志这一形式进行了保护。同时，给予了极易分辨的标志与独特的包装。统一质量标准、统一包装图案、统一对外宣传，打造了以证明商标为核心的名牌工程体系。近年来，黄岩区按照市场化、规模化的要求，大力组建柑橘生产合作社和优质农产品配送中心，实行农超对接，设立直销点和专卖店，不断提高黄岩蜜桔规模经营的程度，拓宽市场销售渠道。由于经营机制的完善，有效地促进了市场销售。目前，精品黄岩蜜桔已进入北京、上海、杭州、宁波、温州等大型超市与卖场。

黄岩区为拓宽蜜橘产业空间，建立了我国第一座以柑橘和橘文化为主题的大型专题博物馆，这是黄岩蜜桔产业体系中的一块金字招牌。博物馆建筑面积达8000平方米。第一期展馆面积为2500平方米，分为序厅、橘之源、橘之属、橘之事、橘之文、橘之缘六个展厅及会议厅。每年柑橘博物馆接待专家、学者、领导、果农及社会各界参观人数达10万多人，并有美国、日本、韩国、加拿大等十几个国家的柑橘专家、学者前来参观交流。

品牌铸造辉煌，创新促进发展。黄岩蜜桔的品牌建设，告诉我们建设现代农业必须掌握品牌经营的规律，掌握规律者事半功倍，逆规律而动者自取其咎。

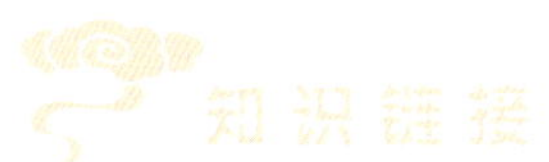

蜜橘食用三不宜

1. 不宜大量食用

蜜橘含有丰富的类胡萝卜素，大量食用会导致皮肤发黄，停止食用后，会恢复正常。有些人食用蜜橘过多还会出现中医所说的“上火”症状，选择本地早蜜橘可以有效避免出现这种症状。

·黄岩蜜桔

2. 不宜与萝卜同食

萝卜进入人体后，会迅速产生一种叫硫酸盐的物质，并很快代谢产生一种抗甲状腺的物质——硫氰酸。若这时进食蜜橘，蜜橘中的类黄酮物质会在肠道中分解，而转化成羟苯甲酸和阿魏酸，它们可以加强硫氰酸对甲状腺的抑制作用，从而诱发或导致甲状腺肿。

3. 不宜与牛奶同食

牛奶中的蛋白质易与蜜橘中的果酸和维生素C发生反应，凝固成块，不仅影响消化吸收，还会引起腹胀、腹痛、腹泻等症状。因此，吃蜜橘的前后1小时内不宜喝牛奶。

产品概况

产 品 名 称：天台乌药
国家公告号：国家质量监督检验检疫总局2005年第80号
保 护 范 围：浙江省天台县现辖行政区域

天台乌药

天台乌药，是乌药中的上品。历代本草典籍中记载：『乌药，以产天台者为胜，故称天台乌药或台乌药』。天台乌药色白、质嫩、气芳香，品质居全国之首。而天台乌药的历史文化更是源远流长，天台乌药之名，萌于周，始于秦，闻于汉，扬于唐，名于宋，贡于元，盛于明，兴于清。天台乌药跨越2000多年的历史时空，承载着华夏子孙几千年的情感，留下了诸多美好故事。时至今日，天台乌药还在撰写着自己的不老传奇。

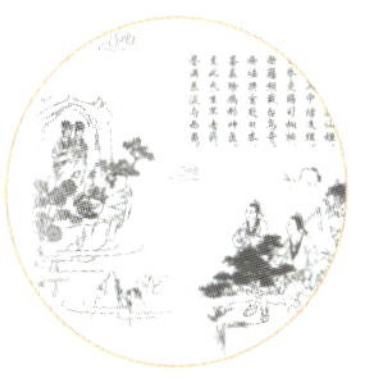

古城清云气 山灵秀药材

天台县位于浙江省东中部，因其境内天台山而得名。天台山有着辉煌的历史，曾令无数文人骚客为其倾倒。东晋文学家孙绰在掷地有声的《游天台山赋》中描绘道：“天台山者，盖山岳之神秀者也”“穷山海之瑰富，尽人神之壮丽矣”。唐代诗仙李白也曾高吟：“龙楼凤阙不肯住，飞腾直欲天台去”的向往之情，并在天台山结庐居住，现留有太白读书堂的旧址。

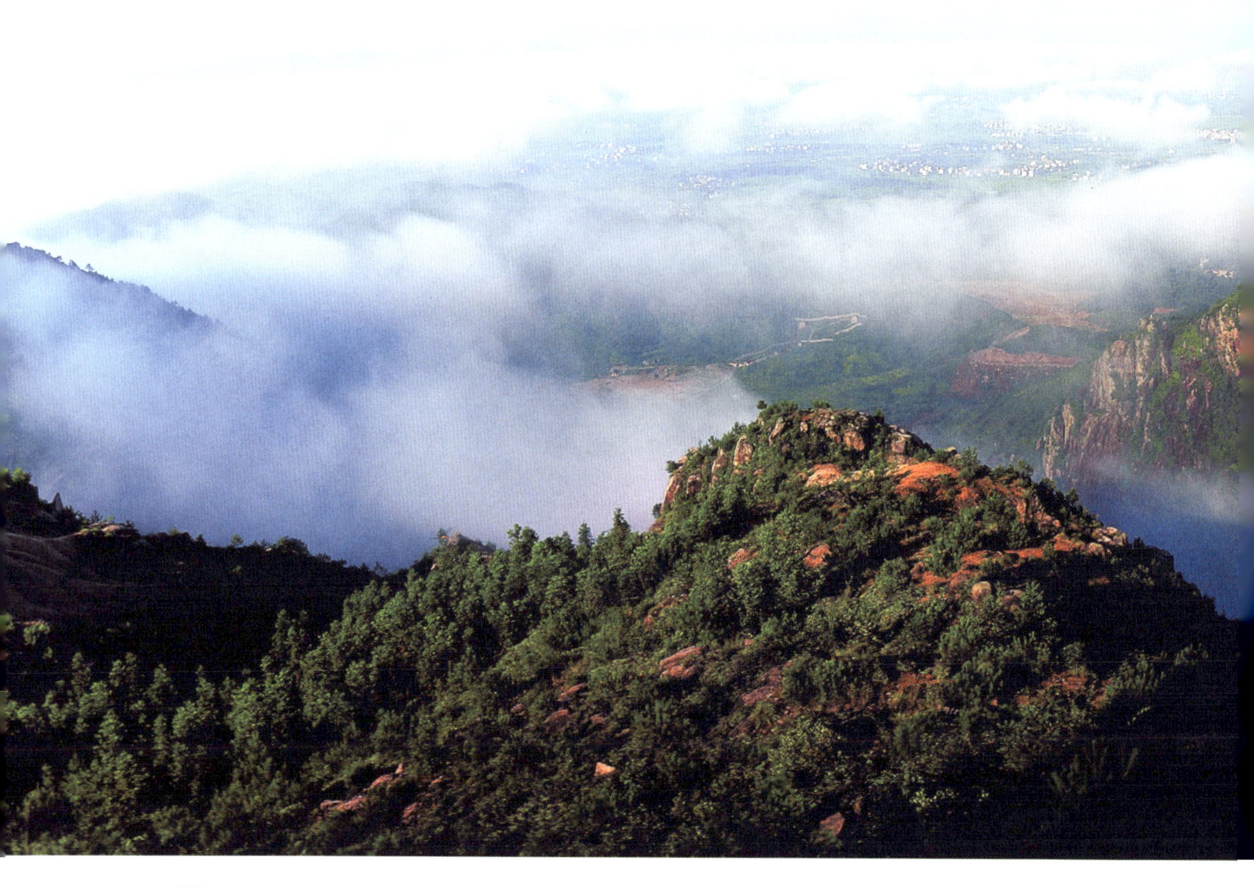

天台县属于亚热带季风气候区，具有四季分明、降水丰富、热量充足的气候特征。又因四周山体环绕，中间低平，小区域气候特征显著，有一定的盆地气候。独特的生态环境孕育出了丰富的中药材资源，使天台县有“弥山药草，满谷丹材”之美誉。

天台山生长的天台乌药是中药宝库中的一颗璀璨明珠，有“中华物宝”之美誉。历代本草典籍中记载：“乌药，以产天台者为胜，故称天台乌药或台乌药”。只有天台县的自然地理，才能造就天台乌药的特殊品质。

·天台仙境

神秀天台山，传奇台乌药。天台乌药之名，萌于周，始于秦，闻于汉，扬于唐，名于宋，贡于元，盛于明，兴于清。一棵“仙草”，跨越了2000多年的历史时空，留下了诸多美好的故事。

王乔受药终升仙 仙女赠药却化山

相传东周灵王太子乔，又称王子晋，他十分向往仙界。一日，天台山高道浮丘公密降其室，赐以灵药——天台乌药。数年后的七月七日，王乔升天为右弼，主领五岳，司侍帝晨，号桐柏真人，理金庭洞天。

·桃源双女

汉明帝永平五年，剡县（今新昌、嵊州）刘晨、阮肇为治好当地流行疾病，历尽艰辛到天台山采药，遇两位仙女，结为伉俪。二女赠以仙药——天台乌药，治好了当地百姓的疾病。东晋太元八年，二人又进山寻找仙女，然而俩仙女因私赠仙药，被王母娘娘镇为两座山峰。天台山就因此有了“桃源洞”“双女峰”的两大美景。

秦皇大梦寻不老 徐福东渡种药材

相传秦始皇受王乔成仙的启发，便令方士徐福寻找“长生不老”药，徐福最终找到了天台乌药，但是并没有献给秦始皇，而是率三千童男童女东渡日本，带着天台乌药等药材、谷物、农作技术落脚日本终其所老。史料记载，秦代乌药即已移植日本纪伊

·采药（乌药）遇仙记

·徐福东渡图

半岛，并在熊野徐福墓旁栽种，和歌山等县有产。至今日本和歌山县新宫市仍保留着徐福墓和徐福公园，游人在当地可买到用天台乌药制作的“长生不老”饮料和茶品。

鉴真东渡封神农 天台乌药美名扬

《天台县卫生志》《鉴上人秘方》存藏等记载，唐朝高僧鉴真（688—763）东渡日本，受到日本朝野的尊敬，成为日本律宗之祖，他一边弘扬佛法，一边为民行善。时日本光明皇太后得经年不愈之病，遍寻天下名医奇药，发榜求神医。鉴真用天台乌药煮汤配之，皇太后服后很快病愈。由此鉴真被尊为日本的神农，天台乌药被誉为“长生不老药”，美名广为传播。

台乌祭献祀神农 文化地位占重席

乾隆年间，天台县城西门外建立了药皇庙，由于历史变故，在1912年后得以重修。在庙内两侧重新绘制了历代十大名医，还绘有刘阮遇仙图和寒拾和合图。重修药王庙开光祭祀仪式上，将道地药材“天台乌药”放在祭祀的首位，可见天台乌药在当地药业文化中的地位。而每逢药王大帝（神农）生日庙会，更是演戏必演《采药（乌药）遇仙记》。

名医妙笔写药典 台乌绽放万光辉

漫长的历史长河，淘去了滥竽充数的鱼目，沉下了光彩夺目的宝珠。天台乌药无疑就是一颗闪耀着无数光芒的宝珠，吸引天下名医竞折腰，巧留妙曼身姿于药典。

《本草图经》记载："乌药，生岭南邕州、容州及江南，今台州、雷州、衡州亦有之，以天台者为胜。"书中认定的"天台乌药"为全国乌药之冠，一锤定音。以后，天台乌药衍变成为国家《药典》收载的"正品"。

中国医学史上的"金元四大家"之一李杲，在其《医学发明》一书中发明了后世著名的天台乌药散一方。书中记载："天台乌药、木香、茴香（炒）、青皮（去皮）、良姜（炒各半两）……"在李杲药方中，天台乌药具有行气疏肝，散寒止痛的疗效。

李时珍在《本草纲目》中记载："乌药，能上理脾胃元气，下通少阴肾经……天台者白而虚软，并以八月采，根如车毂纹、形如连珠者佳，或云天台者香白可爱……"再次对"以天台者为胜"进行了肯定。

明高僧传灯在《天台山方外志》中载："乌药、千里急、紫葛、百稜藤、天寿藤、蓍婆藤、清风藤、含春藤、石南藤、催风使、黄寮郎、百药祖，左二十品按本草皆出天台，先是朝廷常取清风藤，无有识者，后于临海山中得之……"可见"天台乌药"在本草位置。

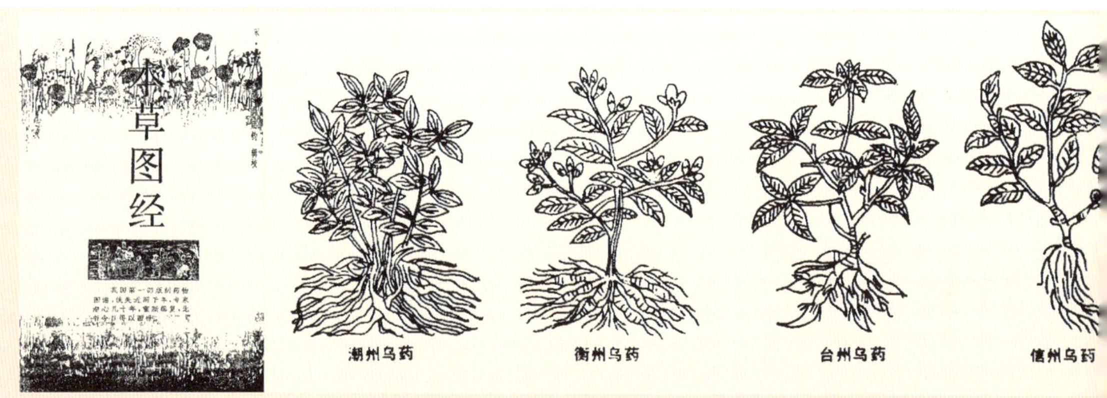

·本草图经

·《本草图经》中有关天台乌药的记载

品牌建设

长生不老药 浙江台乌牌

天台县是“中国乌药之乡”。2004年，浙江红石梁集团成立了天台山乌药有限公司，专业从事天台乌药的研究开发和利用。天台山乌药有限公司生产的“台乌牌”乌药精系列产品是以素有“长生不老药”之称的名贵中药材天台乌药为原料，利用现代生物技术精制而成。其产品获得了2004年—2012年浙江省农博会金奖、2009年—2012年中国义乌国际森博会金奖、浙江省农业科技进步奖、台州市科技进步奖等，入选2010年上海世博会“浙江首选旅游特产”。2011年，“台乌”品牌经中华人民共和国商务部认定为中华老字号品牌。2012年，“台乌”商标被认定为浙江省著名商标。

天台山乌药有限公司创建以来，始终坚持以“质量求生存，以科技求发展”的品牌理念，在产品的研发及其生产的每一环节上都要精益求精，好中求好。为了使其产品的研发和生产有更好的技术支持，天台山乌药有限公司分别与浙江中医药大学、南京大学、浙江医学科学院等国内知名科研院校建立了合作关系。

为了保护野生天台乌药资源，天台山乌药公司在产品开发的同时积极推进天

·天台山乌药有限公司

台乌药种植基地的建设，建立了天台乌药种植基地3000多亩，被认定为浙江省森林食品基地、浙江省野生动植物驯养繁育利用示范基地和浙江省优质道地药材示范基地。

健康是永恒的主题，天台山乌药有限公司将会以更高的追求，充分利用好当地中药材的资源优势，不断创新，不断发展，不断奉献，生产更高更好的保健产品，为人类的健康事业做出贡献。

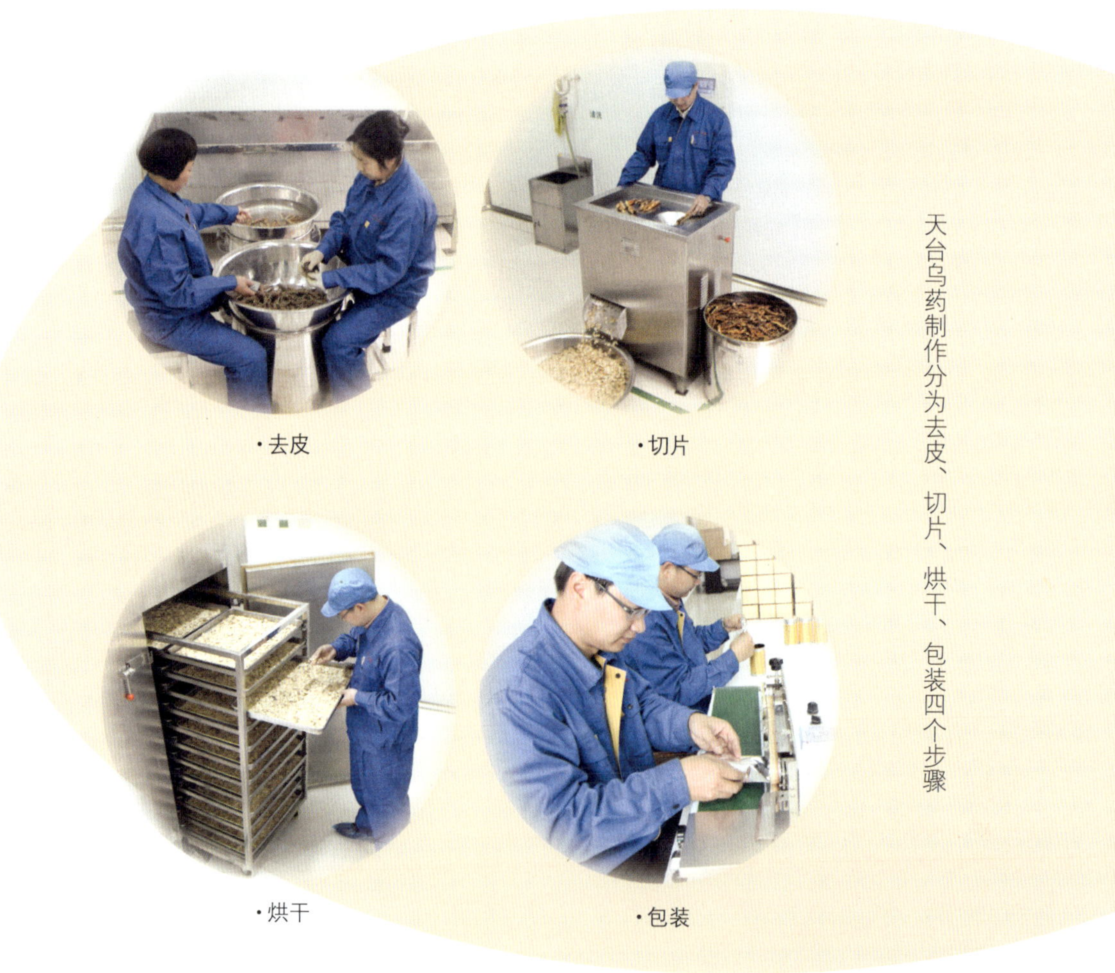

·去皮

·切片

·烘干

·包装

天台乌药制作分为去皮、切片、烘干、包装四个步骤

名家名典论药

《本草拾遗》："主中恶心腹痛，宿食不消，天行疫瘴，膀胱肾间冷气攻冲背膂，妇人血气，小儿腹中诸虫。"

《日华子本草》："治一切气，除一切冷，霍乱及反胃吐食，泻痢，痈疖疥癞，并解冷热。"

现代药理研究

天台乌药富含挥发油、萜类、内酯、生物碱及黄酮类等多种活性成分和广泛的药理活性，其总黄酮、SOD等含量高出同量银杏叶的20%～40%。天台乌药能有效加强肠肌收缩、增加消化液分泌；在兴奋心肌、促进血凝、增加冠脉流量、加速血液循环，抑制恶性肿瘤因子、保肝护肝等方面作用明显；对冠心病心绞痛、脉管炎、肝硬化腹水、肾积水、泌尿系结石等病症均有疗效，具有极高的利用开发价值。在国际上，日本已有利用天台乌药为原料的"徐福茶""徐福糕""乌龙福茶""乌药糖"等养生健康食品。

·天台乌药

产品概况

产 品 名 称：三门青蟹

国家公告号：国家质量监督检验检疫总局2006年第138号

保 护 范 围：浙江省三门县现辖行政区域

三门青蟹

三门青蟹，俗称『蝤蛑』。产自美丽富饶的三门湾畔，素有『海上人参』之美誉。三门青蟹色青壳薄，肉嫩味鲜。清代诗人鲍谦曾有诗曰：『家家种秫酿春醪，十月红先缸面掏。何物可供郎下酒，糖颓青蟹蛎江蚝。』三门青蟹，是大自然赐予三门人的宝贵财富，也是三门历代人民自己精心培育的结果。从三门到杭州再到北京。从青蟹一枝独秀到各个农产品品牌声名鹊起，三门青蟹发展的每一步都是那么扎实，那么牢固，每一步都记在三门人民的心中。

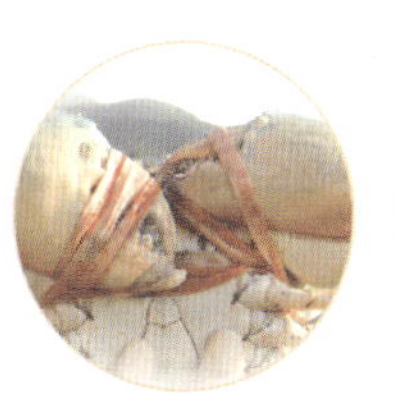

海开三门 湾纳百川

三门青蟹，产自浙江省三门湾畔三门县境内，是“中国著名品牌”。三门县地处浙江省东沿海三门湾畔，位于三门湾的西南面，地理位置为东经121°12′～121°56′，北纬28°50′～29°11′。三门湾为半封闭型港湾，岸线曲折，全长227公里，海域面积500平方公里，沿海共有大小岛屿122个，海岛总面积28平方公里。海岛自北向南，星罗棋布，形成天然屏障。沿海水域风平浪静，滩涂广阔涂质柔软，良好的地理环境，为三门县带来了“三门湾，金银滩”之美誉。

三门县境内水系发达，素有“八溪五港”之称。每逢雨季的到来，雨水夹带着大量的养分入海，致使近海水质肥沃，有利于海水生物的繁殖生长。同时，港湾退潮流速大于涨潮流速，泥沙很少沉积，使港湾稳定，盐度适中，饵料生物丰富。

三门青蟹最适生长的气温为18～32℃内，正常生长温度为6～35℃，需要栖息在盐度为13.7‰～26.9‰的浅海中。三门县属亚热带季风气候区，气候温暖湿润，四季分明，无明显的严寒和酷暑，年平均气温16.8℃，无霜期长达276天，年平均降雨量1380.7毫米，具有明显的海洋性季风气候和雨热同季的气候特点。

三门县良好的地理、海水和气候条件，为三门青蟹提供了最佳的生长域地，三门县也凭借着三门青蟹闻名于世，获得了“中国青蟹之乡”的美誉。

·三门青蟹养殖基地

回溯百年历史 重筑青蟹记忆

三门青蟹的养殖有着悠久的历史。乾隆年间（1736—1795），泗淋乡岳井村已开始养殖,后时断时续；清朝光绪二十七年（1901年）就有记载：“宪舌札汾，对沿海天涨沙涂（宜养蛏、蟹涂地），会委勘丈，着令各户认垦，给照营业。”1946年，猫头村曾设立“中央政府养殖办事处”从事蛏、青蟹养殖，三门县流传“若要富，靠海涂，要造房，养蟹王”的渔谚。新中国成立以后，滩涂养捕逐渐发展，沿海渔民采用多种方法提高青蟹捕养产量，采用网捕，当地人称“放蟹拎”，也采用“放蟹洞”，引诱青蟹入洞蜕壳捕之。由于资源丰富，渔民食用不完，就想办法养下来。开始用“空酒坛子”埋在滩涂中，把蟹放在坛内进行养殖，产量较低；后来在滩涂上挖坑，再在坑上盖石板供青蟹蜕壳，人称“石板舱”养殖法，但防逃效果不好。

20世纪80年代初期，青蟹人工养殖迅速发展，养殖户投入大量的资金进行养殖塘建设，养殖模式采用单养、混养、轮养、套养等多种方法，三门县养殖面积迅速扩大。1997年年底，三门县建起近百公里标准海塘坝后，青蟹养殖规模迅速扩大。1998年，三门县六敖镇涛头村首先进行产业结构调整，实施种改养，当年亩效益达3000元，比种旱地高出5～8倍，三门县掀起了青蟹养殖热潮。2005年，三门县青蟹养殖9.5万亩，产量达1.22万吨，一举成为全国最大的青蟹养殖基地。2000年，三门县六敖镇、海游镇被浙江省政府和渔业局命名为“青蟹之乡”。2004年，三门县经国家渔业局核准被中国水产流通与加工协会授予“中国青蟹之乡”称号。2005年，三门县共有12个青蟹主要产地通过省级无公害青蟹养殖基地的认定，获得浙江省无公害农产品产地认证。

现如今，青蟹产业已成为三门县沿海渔民致富奔小康的主要门路，成为三门县带动经济发展的手段之一。

三门县养殖青蟹已有百年历史，而三门青蟹也以色青壳薄，肉嫩味鲜驰名闽浙沪，引得无数文人墨客为之折腰，清诗人鲍谦曾作诗：“家家种秫酿春醪，十月红先缸面掏。何物可供郎下酒，糖颓青蟹砺江蚝。”

三门青蟹　横行世界

三门青蟹是一种营养价值较高的大型名贵水产品，以“壳薄、膏黄、肉嫩、味美”而驰名闽浙沪。2000年以来，三门县多次在上海、杭州等地举办青蟹推介会，三门青蟹逐渐为人们所熟悉。2002年，三门县举办了首届青蟹节。在青蟹节上，单个三门锯缘青蟹王拍出了40万元的天价，《人民日报》《文汇报》《浙江日报》《中国海洋报》相继作了报道，三门青蟹从此蜚声海内外，好评如潮。青蟹节为三门扬了名声；为三门百姓带来了实在的经济效益；为三门引来了客商；为三门带来了城市的变化。青蟹节已成为三门人民的欢乐节、致富节和创业节。随着青蟹美名的逐渐远扬，青蟹效应在逐步显现，越来越多的企业注目三门，越来越多的项目签约三门。2001年，三门锯缘青蟹在中国国际农业博览会上被命名为“名牌产品”。2001年—2003年，三门青蟹连续三年获“浙江省农业博览会金奖”。2001年，三门青蟹获“浙江省渔博会金奖”。2002年，三门青蟹获“浙江省名牌产品”。2003年12月，“三门湾”牌锯缘青蟹还通过了无公害食品认证，产品远销大江南北。2003年，三门青蟹实现出口新加坡、日本等国际市场，产品深受广大消费者的好评。

·三门青蟹节

三门县政府为满足三门湾锯缘青蟹规模养殖需要，进一步规范锯缘青蟹产、销市场，增加农民收入，在生产、流通管理中做到有标准可依，三门县海洋与渔业局同三门县质监局共同组建专家组，历时半年，查阅大量资料，专程送青蟹样品到青岛黄海所检测认定，制定了三门湾锯缘青蟹地方标准。标准就青蟹品质、包装、运贮作了详细规定，为我国首部关于青蟹的标准。标准的出台不但对三门县渔业生产产业发展影响重大，而且对浙江省乃至全国进一步推进水产品养殖标准化建设有着积极作用。

青蟹的保健知识

三门青蟹具有极高的药用价值，肉和内脏可对疥癣、皮炎、清疮、湿热、产后血闭等病症有保健作用。长期食用具有利水消肿、滋阴壮阳之功效，为优良美容保健食品。

食用青蟹注意事项

青蟹性咸寒，又是食腐动物，所以吃时必蘸姜末醋汁来祛寒杀菌，不宜单食。

青蟹的鳃、沙包、内脏含有大量细菌和毒素，吃时一定要去掉。

青蟹或腌蟹等未熟透的蟹不宜食用，应蒸熟煮透后再吃；存放过久的熟蟹也不宜食用；蟹肥正是柿子熟的季节，应当注意忌蟹与柿子混吃。

产品概况

产 品 名 称：庆元香菇

国家公告号：国家质量监督检验检疫总局2002年第49号

保 护 范 围：庆元县、景宁县、龙泉市所辖行政区域

相传，吴三公用一把斧头，砍出了远近驰名的庆元香菇。庆元的山连绵起伏，庆元的水波涛澎湃，正是庆元的『青山绿水』孕育出了特有的庆元香菇。『肌理玉洁，芳香韵味』，这是对庆元香菇最好的赞美。从建县至今，庆元已有800年的历史。这800年历史，其实也是一部香菇文化发展史。『剁花法』『二都戏』『香菇功夫』『菇神庙会』等薪火相传的香菇文化，成为菇民们生产生活的一部分，形成了深厚的庆元香菇文化。

地理环境

林海跨三江 菇是庆元香

庆元县位于浙江省西南部，地处东经118°50′～119°30′，北纬27°25′～27°51′，属亚热带季风气候，四季分明，温暖湿润，冬无严寒，夏无酷暑，享有“中国生态环境第一县”的美誉。庆元境内山峰连绵，森林覆盖率高达86%以上，海拔1500米以上山峰有23座。其中，百山祖海拔1865米，为浙江省第二高峰，是国家级自然保护区。当地良好的气候条件有利于各种动植物的生长、繁殖。

庆元水资源丰富，雨量充沛，年降水量1760毫米，境内溪流纵横，是瓯江、闽江、福安江的发源地，有“水流两省达三江”之说。

庆元中、西部地区多以低山台地、洪积地为主，土壤肥沃，富含磷、钾、硅等多种元素。优良的土壤条件，为庆元香菇的生长提供了充足的养分。

生态庆元，菇香天下。庆元的青山绿水为庆元香菇筑起了一座天然的“温房”。在“温房”里出产的庆元香菇，“肌理玉洁，芳香韵味”，营养丰富，风味独特，其优良的品质让庆元香菇闻名于世，为世人所喜爱。

·九际神韵　陈士平／摄影

• 石龙烟海 陈士平 / 摄影

文化背景

庆元历史悠久，始置县于南宋宁宗庆元三年（1197年），以年号为县名，至今已有817年历史。据吴氏宗谱记载，人工栽培香菇的发明者吴三公，生于宋高宗建炎四年（1130年）三月十七日，早于庆元建县时间。可以说，庆元817年历史，其实也是一部香菇文化发展史，在历史进程中，积淀了独特厚重，绚丽多姿的香菇文化。

剁花法

早在800多年前，庆元的菇民就利用一把“砍花斧”，在原木上“砍”出了

• 剁花法

香菇，创造了古老的香菇“剁花法”栽培技术。此技术包括“作樯、砍花、遮衣、倡花、开花、惊蕈、采焙”等工序。在历朝历代，剁花法一直是浙江庆元、龙泉、景宁三县山民维系生存的“独门技法”，传男不传女，三县之外的人都不能掌握，一直传承到今天，为现代食用菌生产与研究奠定了基础。

菇民习俗

千百年来，庆元、龙泉、景宁三县的菇民信奉香菇鼻祖吴三公，在长期的生产历史中形成了本地特有的信仰习俗和生产、生活文化，独特的香菇生产行业语言——“菇山话”“采银树”“还戏祁福”“刹寮”“菇山神坛”与“家庭香火榜”等，成为了菇民们生产、生活的一部分，也是构成庆元乡土文化和香菇文化

· 吴三公

的一个重要部分。

二都戏

在漫长而孤独的香菇栽培历史中，菇民创造了一系列文化艺术，戏剧“二都戏”是其中典型的代表。相传明崇祯年间，临安铁板桥（杭州市）的艺人田功伟游历到庆元左溪镇黄泥荡村，将带去的婺剧词曲流传于左溪一带。后在江西、福建等地做香菇的菇民从当地学会了赣剧、乱弹的一些唱段，也流传于左溪一带。当时左溪黄泥荡村有一位叫陈祖言的贡生，对戏曲饶有兴趣，对这三种不同的唱腔、曲律进行了整理，就形成“二都戏”。经过长期的发展，“二都戏”逐渐成

· 二都戏 沈世岗 / 供图

了以庆元土话为基本语言，唱腔丰富优美，地方特色显著，集歌、舞、剧为一体的多声腔板腔体的地方戏剧。

香菇功夫

古代菇民长期在深山菇寮中劳作，时常会遇到猛兽及强盗，在与之搏斗时，渐渐练就了一套防身武术，被称之为“香菇功夫”。“香菇功夫”主要有“扁担功”“板凳功（板花）”“香菇拳”等多种套路，这些防身术中又以“扁担功”最具代表性，菇民使用一支“光棍担”，即扁担两端不用钉，在路遇强人时，无钉扁担可以迅速从挑担状态转为棍棒使用，令对手措手不及。扁担既是菇民们的

· 香菇功夫　香菇博物馆 / 供图

劳动工具，同时也是最好最隐蔽的防身武器。香菇功夫拳法，一招一式都蕴含着传统的香菇文化元素，有其独特的健身作用和文化价值。

菇神庙会

相传，宋淳熙元年（1265年），当时盖竹村（今竹山）菇民吴标因梦见吴三公父子，遂集资建灵显庙，并举行菇神庙会纪念“菇神”吴三公，标志着香菇文化正式开始形成。后来到清乾隆年间，菇业大发展，祀奉吴三公的菇民增多，灵显庙庙小拥挤，于是三县菇民集资扩建，将其迁建至溪边古道旁，即现存的西洋殿，而其在光绪年间（1875年）被毁后重建，并保存至今。每年举办的菇神庙会成为了当时菇民们最重大的节日，菇民们在庙会期间技术交流、互相联络、演戏作乐、欢庆丰收、练拳习武、会亲访友，形成了浓厚的庙会文化。

朱皇帝新封龙庆景，
刘国师讨封种香菇。

这是在菇神庙里挂着的一副对联。相传明朝初期，因久旱无雨，皇帝朱元璋为祈求上苍降雨，下旨一律戒荤素食。数日后，皇帝因此而病倒。国师刘伯温献上自己家乡所产香菇，朱元璋食用后顿觉神怡，赞不绝口，下旨把香菇定位“贡品”，并敕定香菇为刘伯温家乡处州府龙泉、庆元、景宁三县生产的专利产品，其他地域一律不允许种植香菇。自此，庆元民间就把香菇视为“皇上贡品”“菜中之王”。民间有“国师献山珍，香菇成圣品，皇帝开金口，谕封龙庆景”之说。

菇民歌谣

采菇客，乐陶陶，白云深处象鸪鹞。

郎采一篓歌，妹采一篮笑。

采回菇山三月春，撒一路菇谣山外飘。

日照山间知鸟音

清·乾　隆

日照山间知鸟音，夜间棚里说古今。

一日三餐糙米饭，红炉炭火不求人。

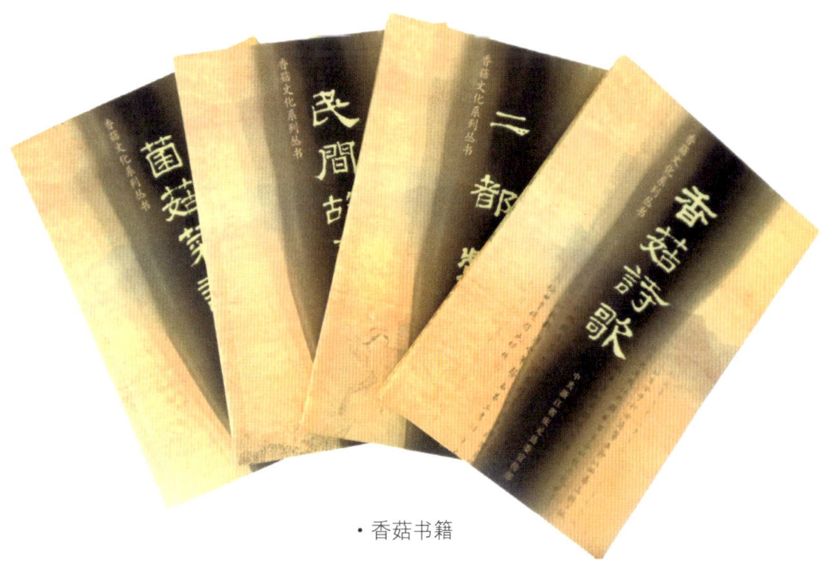

·香菇书籍

·大毛弯香菇基地　陈士平 / 摄影

庆元香菇：品牌闯天下

香菇产业历来是庆元的传统产业和支柱产业，历届庆元县委、县政府都很重视香菇产业的发展及香菇品牌的建设。由于庆元县在香菇产业中的历史与现有规模，1995年国务院发展研究机构确认庆元“世界人工栽培历史最早、全国最大的香菇产地和集散地”两项中华之最。次年又确认庆元为“中国香菇之乡”。2002年，“庆元香菇”获国家原产地地域保护产品。2003年成功注册“庆元香菇”证明商标，同时，《原产地域产品　庆元香菇》国家标准正式发布、实施。

多年来，庆元县通过“中国香菇城”系列工程的建设，不断经营品牌、提升品牌和延伸品牌。制（修）订了《庆元香菇地理标志产品保护管理办法》等规范性文件，引导食用菌企业规范性使用“庆元香菇”证明商标，同时鼓励企业实行证明商标与企业注册商标同时使用的双商标制度，利用品牌集群效应，充分发挥庆元香菇地理标志产品品牌效应。自1992年举办了第一届“中国（庆元）香菇

· 香菇文化节

节”以来，到2013年庆元县已经成功举办了九届，充分弘扬了庆元香菇文化，有效提升了品牌影响力。同时，设立浙江省食用菌检测中心，通过质量检测，为庆元香菇进入消费市场提供了安全保障。浙江省丽水食用菌技术创新服务平台的创建及李玉院士工作室的建立，为推动品牌发展提供了科技支持。

目前，庆元香菇产品共注册商标85件，占浙江县总数的22.8%，其中驰名商标2件，省著名商标2件，市著名商标9件，省知名商号1家，省专业品牌基地1个。“百兴”“卓牌”等品牌在市场上具有良好的知名度。

香菇的挑选

香菇从外观上可分为花菇、厚菇和薄菇，风味不一，可按个人喜好与菜肴需要选择。香菇从形态看，一般以体圆、齐整、质干而不碎为好；气味上，一般具有浓郁的、特有的香菇香气。

香菇的储存

干菇具有吸水性强的特点，当含水量高时容易氧化变质，发生霉变，而且光线中的红外线会使香菇升温，紫外线还会引发光化作用，从而加速香菇变质，同时由于香菇极强的吸附性，容易吸附其他物品的异味和有害物质，在日常储存中，建议干燥储存、避光储存、密封储存和单独储存。

家常菜谱

灵芝香菇煲土鸡

原料

土鸡半只、灵芝片4克（约6片）、干香菇10朵、红枣10颗、大葱4段、老姜4片、绍酒1汤匙（15毫升）、盐适量。

准备

1. 将灵芝、香菇、红枣用冷水浸泡2分钟后冲洗干净备用；
2. 将土鸡洗净后斩成大块；
3. 将大葱洗净后切段；
4. 将老姜洗净后切片。

·原料

·灵艺香茹煲土鸡

◆ 烹饪

1. 将鸡块放入汤煲中，倒入足量清水，大火加热后，撇去浮沫；

2. 放入灵芝、香菇、红枣、大葱段、姜片，淋入黄酒，盖上盖子，用文火煲2小时；

3. 食用前调入适量盐即可。

香信牛骨萝卜汤

◆ 原料

牛骨500克、干香信6朵、胡萝卜2根、大葱3段、老姜3片、香菜2根、黄酒1汤匙（15毫升）、醋1茶匙（5毫升）、花椒10粒、盐适量。

◆ 准备

1. 将牛骨斩成5厘米长的块后洗净备用；

2. 将香信用水浸泡5分钟后去蒂洗净；

3. 将胡萝卜洗净后切块。

◆ 烹饪

1. 将牛骨放入汤煲中，倒入足量清水没过牛骨。大火加热后，撇去浮沫；

2. 放入香信、大葱、姜片和花椒，再调入黄酒和醋，盖上盖子用中火煲2小时；

· 原料

· 香信牛骨萝卜汤

3. 放入胡萝卜块，继续炖10分钟；

4. 食用前依个人口味调入盐、撒入香菜即可。

香菇火腿蒸鳕鱼

原料

鳕鱼1块、干香菇2朵、金华火腿10克、青葱1根、姜2片、蒸鱼豉油1汤匙（15毫升）、料酒1汤匙（15毫升）、糖1茶匙（5克）、胡椒粉1/4茶匙（1克）。

准备

1. 将干香菇提前30～60分钟用水泡发；

2. 将鳕鱼块冲净，用纸巾充分吸干鳕鱼表面的水分；

3. 将金华火腿洗净后切成细丝；

4. 将姜洗净后切片；

5. 将青葱洗净后切成段；

6. 将泡好的香菇洗净后切成薄片。

烹饪

1. 将蒸鱼豉油、料酒、糖和胡椒粉倒入一个小碗，搅拌均匀；

2. 将鳕鱼块放入盘中，在鳕鱼块上铺好香菇丝和火腿丝，再倒入调好的汁，最后放上姜片和葱段；

3. 蒸锅内倒入清水，将盛放鳕鱼的盘子放在蒸架上，盖上锅盖，大火加热至沸腾后，继续蒸5分钟。捡去葱段和姜片，撒上少许香葱碎和红辣椒碎点缀即可。

·原料

• 香菇火腿蒸鳕鱼

产品概况

产 品 名 称：龙泉青瓷
国家公告号：国家质量监督检验检疫总局公告2003年第11号
保 护 范 围：龙泉市现辖行政区域

龍泉青瓷

悠悠中华，华夏五千年的历史孕育了无数瑰宝，其中龙泉青瓷便是华夏民族的伟大创造之一。青瓷初到西方时，即以其独特的魅力征服了西方人，它们或温婉细腻，或优雅妩媚，时而清秀古朴，时而流光溢彩，中国也由此被冠以瓷器之名——China。龙泉青瓷素以薄胎厚釉，以釉色见长闻名中外，釉色以粉青和梅子青为最佳。龙泉青瓷分『哥窑』『弟窑』两种。哥窑青瓷特色是黑胎厚釉，『紫口铁足』，器物边缘隐现紫色，器型规整，胎薄釉厚，釉层饱满，青翠晶莹，胜似碧玉；弟窑青瓷的特色是白胎厚釉、釉面无纹片，在器物边缘或有棱线部位影露白痕，弟窑青瓷造型端巧工整，器形大方，秀丽挺拔，有『青如玉，明如镜，声如磬』之美誉。

·龙泉市城区全景图　祝坚军/摄影

崇山碧波孕青瓷 淡妆浓抹总相宜

龙泉特有地理环境造就了龙泉青瓷文化的诞生和发展，古人赞曰青瓷：

原料来之近山
窑炉依坡而筑
陶泥临溪取水
烧炼就地伐木
手拉足蹬成型

以上描述形象说明龙泉青瓷制作所有原材料均为就地取材。

龙泉市位于浙江省西南部，浙赣闽三省交界处，东经119°07′，北纬28°04′。境内群山连绵，森林茂密，瓷土资源极为丰富，制瓷所需的原料和燃料十分充足优良。同时，龙泉又是瓯江的发源地，水源充沛，不仅满足了制瓷用水的需要，也为产品的外销提供了便利的水路运输。古代龙泉之所以能够孕育出灿烂的青瓷文化，是与当地得天独厚的资源禀赋分不开的。

·古廊桥 [illegible] / 摄影

水资源充沛。龙泉处于亚热带季风气候区，年平均气温17.6℃，降水量1664毫米，龙泉溪、宝溪、住溪、八都溪、岩樟溪、大贵溪、道太溪，纵横境内，水利资源极其丰富，古时窑炉依山傍水而筑，水碓捣练加工，陶泥临溪取水极其方便是龙泉青瓷发展一大优势。

丰富的原料资源。龙泉境内拥有优质、丰富的高岭土、釉土、紫金土、耐火土、石英等瓷土矿产资源，现已查明的制窑原料矿点就有42处之多。明代诗人陆容描写龙泉青瓷胎料、釉料取之就地在他的《菽园杂论》中写道："泥则取于窑近地，其他处皆不及，油（釉）则取诸山中，蓄木叶烧炼成灰并白石未澄取细者合而为油。"储量丰富的优质瓷土资源是形成庞大的龙泉窑系的一大先决条件。

燃料资源丰富。龙泉是九山半水半分田，林地面积占全市总面积的87%，素有"浙江林海"之称的龙泉山高林密复土厚，毛竹木材极其丰富，为古时龙泉青瓷全靠木材为燃料烧成提供了廉价、方便、充足的燃料资源。

龙泉境内由于瓯江上游源头溪水纵横，流域地区山坡缓坡构成了青瓷生产窑炉依山傍水而建的极为有利条件，当时龙泉境内350多处窑场分布瓯江上游125公里长的龙泉溪旁。据《龙泉县志》记载，在宋元时代，"瓯江两岸，瓷窑林立，烟火相望，江中运瓷船只来往如织。"

·古窑址 季金强／摄影

文化背景

淳哥弟争辉夺群峰　各有千秋翠色来

传说古代在龙泉曾有名曰章生一、章生二兄弟二人。哥哥的烧造技术比弟弟高明，招致弟弟的嫉恨。为破坏哥哥的声誉，弟弟就偷偷地在哥哥配好的釉料中添加了许多草木灰，而哥哥全无察觉。烧好后开窑一看，瓷器釉面全裂开了，

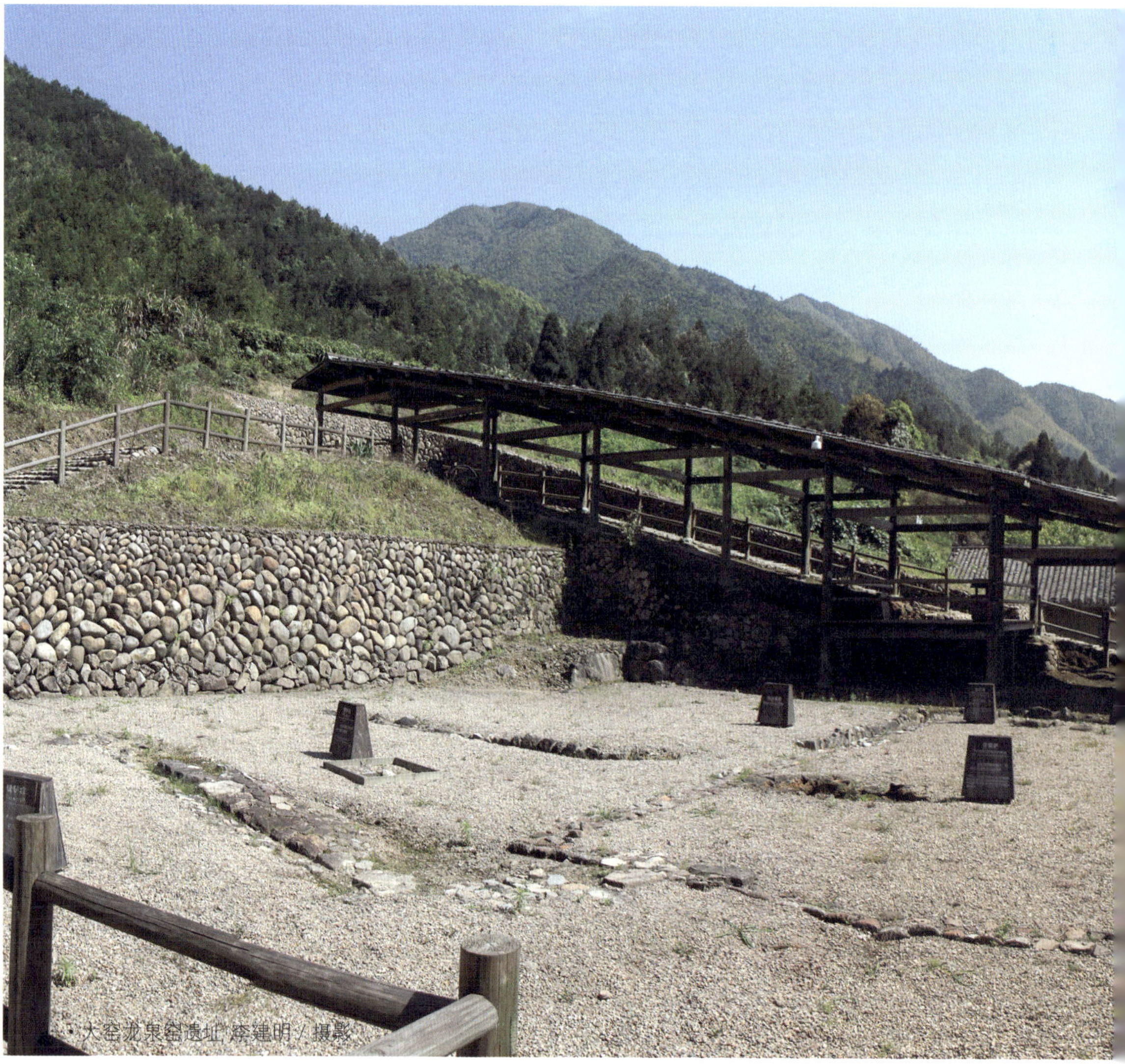

· 大窑龙泉窑遗址 季建明 / 摄影

有的像冰裂纹，有的像鱼仔纹，还有的像蟹爪纹。心地善良的哥哥见此情景惊呆了，怎么办呢?只好拿到市场去处理，没想到人们对这种带有裂纹的青釉瓷产生极大兴趣，一抢而空。后被文人雅士传看入宫，皇帝看到金丝铁线之美、玉润厚重之韵大加赞赏，随招哥哥入宫定制此类瓷器，“哥窑”从此名重天下。而弟弟则继续烧制釉色青碧，温润如玉，釉面无裂纹的瓷器，人们自然称之为“弟窑”。在长期的实践中，二兄弟将各自的特色推向了极致，后人将章家兄弟奉为窑神，开窑时必拜祭。

· 水碓　李建明 / 摄影

重洋绿水惹人怜　赞以美名雪拉同

雪拉同是青瓷的法语“céladon”的译音。关于这个名称的由来，有一个动人的传说。

据说16世纪时，龙泉青瓷第一次传入法国。青瓷那青翠欲滴、光可鉴人的釉色使酷爱艺术的法国人为之倾倒，以致找不出一个适当的词来称呼它。当时适值根据法国著名作家杜尔夫的长篇小说《牧羊女阿斯泰来》改编的歌剧在巴黎上演，剧中一位受人喜爱的男主人公名叫雪拉同，身穿一件美丽的青色外衣，颜色与龙泉青瓷极为相似。法国人因此称青瓷为雪拉同。从此后，“雪拉同”便成了龙泉青瓷的代名词。后来“雪拉同”在欧洲成了对中国青瓷的统称。

雨过天青云开处　以身祭窑作颜色

传说有一位善良美丽的女孩，名字叫叶青姬。叶青姬的父亲叶老大带领窑工为一位窑主烧制官窑，但是不知道什么原因，烧了一批又一批，叶老大烧制的瓷器总是有残缺。眼看完工期限临近，叶老大仍然没有烧制成上好的瓷器，窑主和宫廷派来的人都大发雷霆，扬言如果不能按时烧制上好的瓷器，便将叶老大和窑工全部问斩。

·赛龙舟 祝坚军/摄影

叶青姬见到父亲和窑工有难，心里十分焦急，她决定要用自己来救助父亲和窑工的性命。于是，在父亲再一次烧制瓷器时，叶青姬奋身跃入了烧得正旺的炉火中，以身祭窑。

叶老大在痛失爱女后，更加谨慎的烧窑，终于叶老大烧制出温润如玉、青翠欲滴的青瓷。大家都说，青瓷是叶青姬的化身，窑工为了感激和纪念她，都尊称她为“九天玄女”，世世代代供奉在自己的窑厂里。

漂洋过海传世界 龙泉青瓷熠生辉

龙泉青瓷始于三国两晋，盛于南宋，中兴于当今，有1700多年历史。其鼎盛时期是在南宋和元代。南宋时北方人大量南迁，为龙泉带来了人才和技术，而汝窑、定窑等名窑又为金统治者所控制，使龙泉青瓷有了广阔的市场空间。同时，南宋王朝为解决财政困难，鼓励对外贸易，于是龙泉青瓷成为当时主要出口商品之一。大量的龙泉青瓷从温州、泉州、明州（宁波）和广州等港出口到朝鲜、日本、菲律宾、印度、斯里兰卡、非洲和欧洲等许多国家和地区。关于这条漫长的陶瓷贸易之路，国际著名陶瓷学家三上次男在他的《陶瓷之路》一书中写道：“实际上就是中国陶瓷，特别是龙泉青瓷所开拓出来的。”在我国陶瓷史上，龙泉青瓷的兴旺和生产历史最长，窑址分布最广（元朝最盛时曾有窑场530余处），外贸出口路线最长，数量最多。 1975—1977年在韩国新安海底打捞的元代沉船中有瓷器17000余件，其中龙泉青瓷就占9000多件。在世界各国著名的博物馆中，龙泉青瓷都是重要藏品。龙泉青瓷，在我国乃至世界陶瓷史上留下了光辉的一页。

龙泉青瓷的制瓷习俗

拜祖师爷

在龙泉，哥窑弟窑的创始人章生一、章生二被后人尊为窑业祖师爷。过去在龙窑、鲤鱼窑的窑头，都张贴有“师父榜”。师父榜除祀师神位外，并附祀山神、土地、搬水童子、运水郎君。每逢农历初二、十六两日，瓷匠必须置办酒肉、茶饭、点香烛在窑头师父榜前祭祀，磕头膜拜，然后分食祭品，俗称“过日”。

祭窑

农历七月十八日为祭窑日，俗传这一天是哥窑祖师章生一“窑变瓷器”制成的日期。届时窑匠要沐浴斋戒，在祖师爷的香案上放置用面捏成的童男童女，在窑头师父榜前设祭，点香烛跪拜，祈求祖师保佑烧出优美瓷器。窑工在窑场用膳不能说话，用膳时碗筷不能碰响桌子，也不能把筷子架在碗上。

·徐定昌／作者

·毛正聪／作者

·徐朝兴／作者

茶经

唐·陆　羽

若邢瓷类银，越瓷类玉，邢不如越一也；若邢瓷类雪，则越瓷类冰，邢不如越二也；邢瓷白而茶色丹，越瓷青而茶色绿，邢不如越三也。

贡余秘色茶盏

唐·徐　夤

捩翠融青瑞色新，陶成先得贡吾君。
功剜明月染春水，轻旋薄冰盛绿云。
古镜破苔当席上，嫩荷涵露别江濆。
中山竹叶醅初发，多病那堪中十分。

·本组图片均由季金强摄影

·夏候文 / 作者

·徐朝兴 / 作者

·毛正聪 / 作者

《云麓漫钞》卷十 沙闻旧梓本

宋·赵彦卫

青瓷器皆云出自李王，号秘色。又曰出钱王。今处之龙溪①出者，色粉青，越乃艾色。

《七修续稿》卷六，中华铅印本

明·郎 瑛

哥窑与龙泉窑，皆出处州龙泉县。南宋时，有章生一、生二弟兄，各主一窑，生一所陶者为哥窑，以兄故也。生二所陶者为龙泉，以地名也。其色皆青，浓淡不一，其足皆铁色，亦浓淡不一。旧闻紫足，今少见焉。惟土脉细薄，油水纯粹者最贵。哥窑则多断文，号百圾破，龙泉窑至今温，处人为章窑，闻国初先正章溢，乃期裔云。

《天工开物》卷中崇帧十年刊本

明·宋应星

浙江处州丽水、龙泉两邑，烧造过釉杯碗，青黑如漆，名曰处窑。宋时，龙泉硫华山下有章氏造窑，出款贵重，古董行所谓哥器即此。

曝书亭集古林哥窑砚铭

清·林 口

从台澄泥邺城瓦，未若哥窑古而雅。
绿如春波停不泻，以石为之出其下。

① 处之龙溪，即处州龙泉溪。

品牌建设

龙泉青瓷传统烧制技艺是以浙江龙泉本地的高岭土、瓷石、石灰石、紫金土等为原料，以手工拉坯成型技术、家传配料方法，用窑炉高温（1310℃左右）烧制青瓷的一种传统手工技艺。具有特色的传统技术是：青釉配制技术、厚釉装饰技术、青瓷烧成技术。

龙泉青瓷在我国青瓷历史上留下了浓墨重彩的一笔，它的发展离不开龙泉青瓷文化的宣传和推广。1998年10月，经过大量的筹备工作，我国邮政部门发行了四枚《中国陶瓷——龙泉窑青瓷》邮票，显示了龙泉青瓷在我国历史上独特的

·龙泉市文联／供图

·祝坚军／摄影

地位，千年名窑尽显方寸之中。继发行邮票后，龙泉青瓷烧制技艺于2006年5月20日列入第一批国家级非物质文化遗产名录。龙泉青瓷于2009年9月30日，成功入选联合国教科文组织《人类非物质文化遗产代表作名录》，成为世界陶瓷类迄今为止惟一的“人类非遗”项目。而在2011年“龙泉青瓷”证明商标被认定为中国驰名商标。

发展的不仅仅是龙泉青瓷。龙泉市于2003年10月，被中国工艺美术协会授予“中国龙泉青瓷之都”称号。2011年8月13日，龙泉市被中国轻工业联合会、中国陶瓷工业协会授予“中国陶瓷历史文化名城”称号。2012年11月，大窑龙泉窑遗址被国家文物局列入中国世界文化遗产预备名录。这些显示了龙泉青瓷在我国历史上独特的地位，同时又进一步扩大了龙泉青瓷在国内外的知名度，对加快其发展有着极其重要的作用。

• 中国工艺美术大师、国家级非遗传承人　徐朝兴　万征 / 摄影

• 中国工艺美术大师　毛正聪　楼国平 / 摄影

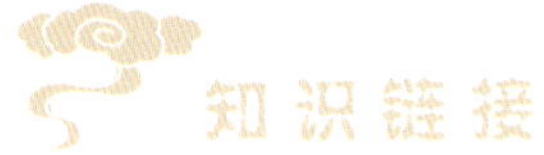

龙泉青瓷茶具知识

茶神陆羽的《茶经》——若邢瓷类银，越瓷类玉，邢不如越一也；若邢瓷类雪，则越瓷类冰，邢不如越二也；邢瓷白而茶色丹，越瓷青而茶色绿，邢不如越三也。龙泉青瓷茶具晋代开始发展，那时青瓷的主要产地在浙江，最流行的是一种叫“鸡头流子”的有嘴茶壶。六朝以后，许多青瓷茶具拥有莲花纹饰。唐代的茶壶又称“茶注”，壶嘴称“流子”，形式短小，取代了晋时的鸡头流子。

宋代饮茶，盛行茶盏，使用盏托也更为普遍。茶盏又称茶盅，实际上是一种小型茶碗，它有利发挥和保持茶叶的香气滋味，这一点很符合科学道理。茶杯过大，不仅香味易散，且注入开水多，载热量大，容易烫熟茶叶，使茶汤失去鲜爽味。由于宋代瓷窑的竞争，技术的提高，使得茶具种类增加，出产的茶盏、茶壶、茶杯等品种繁多，式样各异，色彩雅丽，风格大不相同。浙江龙泉生产的青瓷茶具，于16世纪首次远销欧洲市场，立即引起人们的极大兴趣。法国人谓之为“雪拉同”。

龙泉青瓷中的系列茶具，每款似冰类玉，高雅大方。茶具不含铅、镉等有害物质，泡茶品之，茶香浓郁，并有不霉变、不馊和保持茶叶色、香、味等特点。是非常精致高雅的绿色生态型茶具。

龙泉青瓷博物馆

龙泉青瓷博物馆老馆建于1989年，位于浙江省龙泉市九姑山公园。现龙泉青瓷博物馆的新馆建设地点位于龙泉市剑川大道李家山地块，是目前国内最大的青瓷专业博物馆。

龙泉市青瓷博物新馆是浙江省重点建设项目，是世界上迄今为止惟一系统介绍龙泉窑发展历史的博物馆，也是世界非物质文化遗产龙泉青瓷的展览地。龙泉青瓷博物馆分为A、B、C三个馆区。A区位于整个建筑的中心部分，为博物馆主体部分，首层为一号展厅及其公共部分，二层主要为二号展厅。地下一层主要由藏品库房、技术用房和设备用房组成。B区位于建筑的东北部分，为办公行政区，分为三层，自下而上分别是研究、办公以及贵宾区。C区位于建筑的东南部分，为对外交流区，主要分两层，一层为临时展厅，二层为报告厅。建筑风格如同在考古发掘的窑址当中将层叠的瓷片破土而出，

建筑通体模仿青瓷的质感。

龙泉青瓷博物馆新馆为龙泉青瓷创意园一期工程的重要组成部分。龙泉青瓷创意园一期工程规划有青瓷博物馆、大师园、国际陶艺村三大功能区。龙泉青瓷博物馆集展品参观、专业交流、鉴赏收藏为一体，力争为青瓷文化的研究和对外交流做出更多的贡献。

· 龙泉青瓷博物馆　祝坚军 / 摄影

产品概况

产 品 名 称：遂昌竹炭

国家公告号：国家质量监督检验检疫总局2006年第193号

保 护 范 围：浙江省遂昌县现辖行政区域

遂昌竹炭

在中国，炭有着悠久的历史，而使用炭，那更是与生俱来的。从雷电点燃树木使木炭横空出世那一刻起，炭就改变了我们的生活，与我们的生活息息相关。竹子在中国占有重要的地位，有着悠久深厚的竹文化。它挺拔秀丽、潇洒多姿的形态及高雅、纯洁、虚心、有节的文化象征，在中国历史文化发展和精神文化形成中发挥着巨大作用。竹炭，以五年生以上的高山老竹为原料，经三十余天近千度高温煅烧而成。它是炭与竹的融合，也是文化的结合。时至今日，它们走进遂昌，形成独具特色的遂昌竹炭。

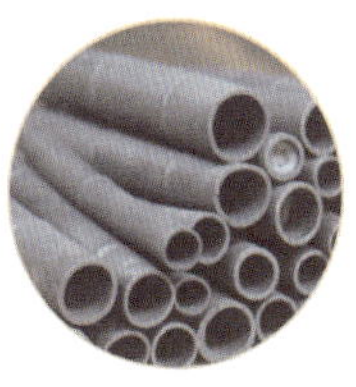

• 竹林

遂城山中丽 黑金林中藏

遂昌县位于浙江省西南部，钱塘江、瓯江上游，东倚武义、松阳，南邻龙泉，西接江山和福建浦城，北与衢江、龙游、婺城相连。遂昌是一个资源丰富的县，其县特产——遂昌竹炭，以其特色优势被中国经济林协会命名为“中国竹炭之乡”。

遂昌县属中亚热带季风气候，冬冷夏热，四季分明，雨量充沛，空气湿润，山地垂直气候差异明显。良好的气候条件，为竹炭生产提供了良好的环境条件。遂昌县竹资源属亚太竹区、中国江南混合竹区，是散生竹种自然分布中心区域。以红壤为主的土壤条件，特别适宜作为竹炭生产的炭窑材料。独特的山地气候条件与当地长期相传的独特工艺结合，为遂昌竹炭独特品质特征奠定了基础。

· 云海梯田

竹炭与遂昌的不解之缘

作为竹炭的诞生地，遂昌和竹炭有着不解之缘。

提到遂昌与竹炭的结缘首先要从遂昌与炭的渊源讲起。在中国竹炭博物馆内保存有6件从遂昌县好川村墓地中发掘出的夹炭陶，虽历经岁月洗礼仍保存得较为完整。它们的出现说明，生活在遂昌这片土地上的人们在4000年前不仅已经掌握了烧炭的技艺，还将之应用到了制陶工艺中。

遂昌炭业的兴起，渊于唐宋，盛于明清，延续至今。它的兴起、发展，与遂昌矿冶业有着密不可分的关系。传说，炭业的祖师陈杲仁原为隋朝大将，隋亡后隐居在遂昌一带，并与山民烧炭为生。史料记载，陈杲仁曾受到历代皇帝的赐封，在江南各省地方都有供奉陈杲仁的庙宇，尊称为“陈老相公”。人们在大山里烧炭时，也要在炭窑附近设立陈老相公的神位，烧香奉祀。

至宋代，朝廷先后开采遂昌的金银坑银矿和局下银矿，当时采用的是“烧爆

·炭祖像

·制炭工艺　吴佩松／摄影

·制炭工艺　吴佩松／摄影

法”开矿，“吹灰法”炼银。而木炭是冶炼的主要燃料。这一时期，遂昌炭业因冶炼业而迅速发展。

明朝天顺、成化、万历年间，遂昌的采矿业非常繁荣。这一时期，遂昌烧炭、用炭已达到历史高峰。银坑停采后，遂昌炭业转为商品生产，通过水运销往外地，往北经京杭大运河销至北京，南从温州经海上丝绸之路行销世界各地。

20世纪下半叶以来，地球环境不断恶化，天然林资源日益枯竭，为了保护生态环境，国家实施了保护天然林工程。1995年，国家林业局下令全面禁止砍伐阔叶林，浙江省从1996年起逐步禁止采伐天然阔叶林烧炭，并于1999年全面禁止木炭出运，浙江省从一个木炭出口创汇大省变为无炭省。原木炭主要产区遂昌县从1996年开始停止烧制白炭，原来的木炭生产企业面临破产倒闭或转产。这对地处山区的遂昌农民的脱贫致富影响颇大。此时，原来从事白炭出口的一些炭商在了解到日本正在研制开发竹炭系列产品的信息，立即投入近百万元经费，潜心钻研竹炭的烧制方法，经过了一年多时间的艰苦努力，率先在国内开发出了适合日本、韩国市场需求的系列竹炭产品。从此，竹炭产业应运而生，并蓬勃发展。

·竹炭　吴佩松 / 摄影

竹炭与遂昌的人文味道

农家火锅

炭作为燃料，具有无烟无味、燃烧时间长和温度高的优点。自古以来，人们用炭烧煮食物。农家的餐桌，在中间开一个方孔，孔中放三角风炉，风炉盛炭火，锅里煮食材，无论荤、素，都放入火锅里煮着吃。由此形成了许多各具特色的火锅名菜，用以招待宾客。旧时，酒店里都有热酒的温炉，用铜制的炉体，当中一个圆筒，筒内烧炭，将炉中的水烧热，在炉体水中盘旋细铜管，上接漏斗，下留出口，客人来时，把酒从漏斗倒入，下面流出热气腾腾的水酒，方便实用。

遂昌烤薯

用炭火烘烤食品历史悠久，民间用炭火焙香榧、烘腊肉、焙茶叶、焙蚕茧等。旧时的糕饼店，都用炭火烘制糕饼。如今，许多糕饼烘制工艺成为民间非物质文化遗产保护项目。遂昌黄沙腰的番薯干，用炭火烘烤，色泽金黄，晶莹透亮，持似琥珀，是当地独具特色的天然食品，为各地消费者所青睐。

·遂昌烤薯　遂昌县金色食品有限公司 / 供图

·焙笼及竹日常生活用具　遂昌县竹产业办公室 / 供图

火厢与火笼

浙西南地区的山里人家，还在屋里特设暖间，俗称“火厢”，房屋中间一张八仙桌，桌下一个火塘，生着炭火，上吊着一把铜茶壶烧茶，一家人吃饭、会客都在暖间里。有客人来了，主人热情引进暖间，围桌而坐，一边喝茶，一边聊天，气氛温和。人们又发明了可移动的火笼，普通的火笼用竹子编成外壳，内置陶钵，钵中盛炭火。富贵的人家用铜制火笼，外饰各种吉祥的图案。

火笼盛炭取暖，成为人们心目中温暖的象征。民间传统的婚嫁习俗中，女儿出嫁时，陪嫁中都要有一对火笼，给新娘新郎每人一只。娘家要请最好的工匠为其制作火笼，做工特别精细，民间俗称“陪嫁火笼”。

竹炭火茶

炭有解毒、止血、祛湿的功效。遂昌民间喜用竹炭火茶，特别是山区群众，受凉感冒，伤风不适，常用茶叶、艾叶、紫苏叶各一撮，加生姜数片，与炭火一起放入粗碗，口吹炭火，焚烧片刻，用开水冲泡，供患者饮用，疗效很好。

· 农户竹制家具加工　遂昌县竹产业办公室 / 供图

· 古代民俗用炭　中国竹炭博物馆 / 供图

冰清冷缠青缕滑　翠钿钿缀玉丝香

竹炭是炭家族中的主要成员之一，与木炭一样具有悠久的历史。在民间，就有竹炭比木炭耐烧和热量大的说法。目前发现对竹炭最早的记载是宋代。宋·陆游《老学庵笔记》载：“北方多石炭，南方多木炭，而蜀又有竹炭，烧巨竹为之，易然(燃)无烟耐久，亦奇物。邛州出铁，烹炼利于竹炭。皆用牛车载以入城，予亲见之。”宋·李昉《太平御览》卷六六五：“善煅人炼好铁，生铤合炼成，令得八觔为足也。若欲穷其精理，当用竹炭。”由此可知，在宋代时四川等地就有竹炭生产，而且当时已经知道用竹炭炼铁比白炭要好。但由于竹子生长区域限制、竹炭品种相对单一及竹炭烧制工艺较复杂等因素，竹炭产量及影响远不如木炭。因此，自古以来是木炭一统天下。

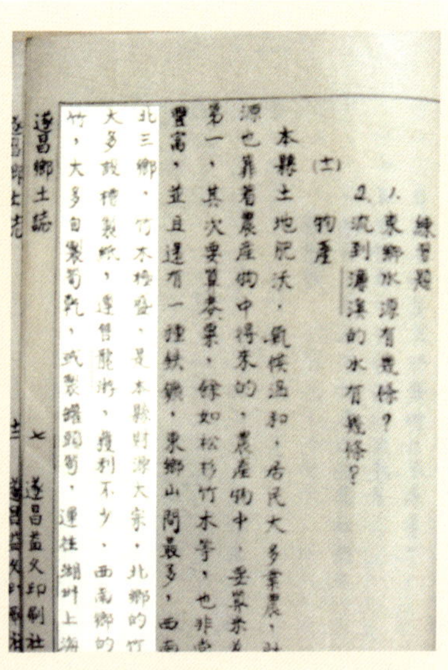

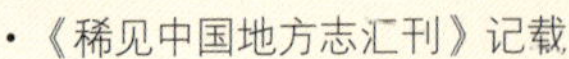

·《稀见中国地方志汇刊》记载

·《遂昌乡土志》记载

陈文照：新时代的卖炭翁

陈文照，是遂昌县文照竹炭有限公司的总经理，也是中国竹炭博物馆的馆长。他出生于浙江省遂昌县的一个烧炭世家，他自小随父烧炭，1990年创办遂昌县文照炭制品厂，从事木炭的生产和销售。1995年开始，陈文照研制生产竹炭，开发生产竹炭系列产品，被誉为“中国竹炭第一人”。

遂昌县文照竹炭有限公司成立后，陈文照与当地竹农联合承包毛竹林基地13725亩，设办竹炭窑160门，从根本上解决了文照竹炭有限公司对毛竹原材料的需求，保证了新产品开发的后劲。随后，陈文照采用计算机电脑数控烧制竹炭、炼炭整个过程，设有先进的竹炭制品加工生产线，竹醋液精制提纯生产线，在当地竹炭产业起着带头和示范作用。

· 陈文照向非洲友人传授烧炭技巧

· 竹炭制作工人　吴佩松 / 摄影

为了全面提升产品质量及新产品的开发，陈文照先后聘请了中国竹产协会副会长、浙江省竹炭协会理事长、中国工程院院士、浙江林学院院长张齐生教授，日本国竹炭协会名誉会长、日本京都大学教授、世界竹炭产业奠基人与学科创始人野村隆哉教授担任技术顾问，出资与南京林业大学、浙江林学院等科研单位合作，建立了竹炭生产科研基地。

竹炭产业园

遂昌县文照竹炭有限公司经过多年发展，探索出了一条“加强内部管理，实行全面质量管理”的管理方式。优秀的管理方法让文照竹炭有限公司的竹炭系列产品通过了ISO9001国际质量管理体系认证；竹炭竹醋液系列产品通过了CNAB—SI21:2003有机产品认证。健全的质量管理体系，严格的企业质量标准生产以及以质量取信于消费者的企业服务标准，使“文照”牌竹炭、竹醋液系列产品获得第三届、第四届中国竹文化节中国竹业博览会金奖，获得2001年、2002年中国浙江国际农业博览会优质奖；2001年中国竹藤产品交易会金奖；2002年3月被中国经济林协会认定为中国名优经济林产品；2002年获丽水市农业名牌产品；2004年“文照”牌竹炭制品荣获“浙江省消费者协会推荐商品”；2006年获得浙江省名牌；2007年被评为浙江省著名商标。

2008年，中国竹炭博物馆在遂昌落成，作为国内首家以炭历史文化及国内外炭产品展示为主题的博物馆，将悠久的炭文化历史浓缩于其内。博物馆内的炭文化历史展馆的入口是一座仿制的炭窑，走过炭窑就进入了一个炭文化的世界，从人类早期的钻木取火到炭被用于炼制火药再到以木炭为动力的木炭车，甚至还有家喻户晓的卖炭翁故事的场景，徜徉其中，让人不禁有进入时空隧道之感。以文化为主题的中国竹炭博物馆在推动竹炭产业发展上也起到了重要作用，实现了文化与经济的完美统一。

• 竹炭博物馆　中国竹炭博物馆 / 供图

十多年的风雨历程，文照竹炭有限公司开发出了高品质的各种用途竹炭、水质净化用炭、建筑用炭、调湿用炭、保健品用炭、工艺品用炭，提取竹醋液，竹醋液的提纯及应用等方面的系列产品共7大类100余种。产品大部分出口日本、韩国、东南亚等国家，国内销售已遍及20多个省市及中国香港、中国台湾地区，有专卖店400余家。

· 陈文照与非洲友人

竹炭的应用

竹炭是竹材经高温炭化后获得的固体产物，按其形状可分为筒炭、片炭、碎炭、颗粒炭、粉末炭等。经过高温烧成的竹炭具有富含矿物质，能吸附微生物、释放红外线、防蔽电磁波、产生负离子等性能，适宜当代人们健康、环保、时尚的生活消费需求。竹炭产品越来越受到人们的青睐，被广泛地应用到日常生活的方方面面。

住宅环境

竹炭能有效吸收、分解居室内、汽车内的甲醛、硫化物、氮化物、苯等有害物质，对人体及衣饰所沾带的细菌、异味能强力吸收，起到改善环境卫生、提高空气质量的作用；竹炭具有导电性，可防止静电和辐射对人体的侵害，有利于健康及保护视力；当周围环境湿度大时，竹炭还会吸收水分；而周围环境干燥时，它又会释放水分，保持人体肌肤滋润；它具有冬暖夏凉的天然特性；若在衣橱里放置两个小袋竹炭包，还可以代替樟脑丸，防止衣物霉蛀。

圆炭、片炭类

圆炭主要用于吸附、除味、室内清新空气；片炭主要用于改善饮用水水质，增加饮用水矿物质，烧饭、贮米物中吸附农药残留物等。

颗粒类

颗粒类炭主要用于衣柜、冰箱、鞋子等的吸附异味、除湿去霉，饮用水、鱼缸水质改善、沐浴水改善用。用于装填地面和墙面，起到调湿防霉变、调温杀菌等作用。

竹炭布

竹炭布广泛地应用于餐饮宾馆、服装、床上用品、制鞋、食品包装、家居、

• 遂昌竹炭　吴佩松 / 摄影

房屋装修、卫生防护等行业。尤其是制成各种坐垫、寝具、鞋垫、身体防护等用品，更显示出该布对人体的保健作用。

竹炭工艺品

用竹炭制成的竹炭花瓶、笔筒、茶罐、烟缸等集工艺观赏与竹炭特有功效于一体，既有工艺价值，又具有竹炭各种功能，起到点缀居室环境、吸附异味的作用。

• 竹炭工艺品　吴佩松 / 摄影

产品概况

产 品 名 称：松阳茶

国家公告号：国家质量监督检验检疫总局2008年第26号

保 护 范 围：浙江省松阳县现辖行政区域

松陽茶

神奇美丽、古朴迷人的松阳古县，地处浙西南瓯江上游，距今已有一千八百多年的历史。那里群山环绕，重峦叠嶂，中部坦荡如砥，一马平川，秀美的松荫溪从中汤汤而过，是闽浙山地绵绵群山中未经雕琢的一颗天然宝石。秀丽的山川河水，孕育出上乘品质的『松阳茶』。松阳茶具有采摘细嫩、加工精细、外形条索紧结绿润，汤色清澈绿亮，香气高而持久，滋味鲜浓，叶底嫩绿明亮的特点，更因形似猴爪、条索紧实翠润、色如银、鲜爽馥郁、品质优异而享誉中外。松阳茶传承一千八百年历史与文化，融合现代工艺技术创制而成，集生态早茶、文化名茶、精品绿茶于一体，在名茶群芳中独树一帜，被誉为『茶中瑰宝』。

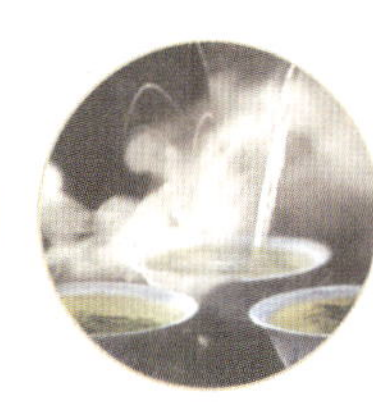

地理环境

秀美山川桃花源 品质上乘松阳茶

神奇美丽、古朴迷人的松阳古县位于浙江省西南部，地理坐标为北纬28°14′~28°36′，东经119°10′~119°42′。全县总面积1406平方公里，辖3个街道、5个镇、11个乡，全境以中、低山丘陵地带为主，分为盆地、丘陵谷地、低山、中山四种地貌类型。海拔最低点78米，最高点1502.3米，松阳的茶园主要分布在盆地、丘陵谷地和低中山。松阳四面环山，中部盆地以其开阔平坦称“松古平原”，是谓“八山一水一分田”。群山环绕，重峦叠嶂，中部坦荡如砥，一马平川，秀美的松荫溪从中汤汤而过，是一幅优美的山水田园风光画卷。早在

唐宋时期就被誉为“世外桃源”。“惟此桃花源，四塞无他虞”是宋代松阳状元沈晦对松阳自然生态环境的生动描绘和赞叹。

松阳县县境内的土壤类型主要为红壤土类和黄壤土类，宜茶丘陵低山广阔，土层深厚，一般土层在50厘米以上，结构疏松，养分丰富，有机质含量2%~3%，酸度适宜，pH4.5 ~ 6.5。属中亚热带季风气候，有四季分明，雨量充沛，冬暖春早，无霜期长的特点，年平均气温14.2~17.7℃，1月平均气温6.3℃，7月平均气温28.1℃。大于等于10℃积温4453~5634℃，全年无霜期206~236天。年日照时数1600~1848小时，年平均降雨量1511.6 ~ 1844.9毫米，年均雨日171天，春夏季降水较集中，平均相对湿度为75%，漫射光充足，有利茶树生长，冬暖春早，有利春茶萌发。

· 茶叶基地

松阳县是国家级生态示范区，森林覆盖率达75.2%，属我国东部中亚热带常绿阔叶林。浙闽山丘甜槠木荷林区，以常绿阔叶林、常绿和落叶阔叶林、针阔混交林及人工培育的马尾松林、杉木林、毛竹等为主。这些森林植被特征也反映出这里非常适宜茶树栽培、生长。

千百年来，松阳僻居一隅，农耕文明发达，至今较好保留了唐宋时的口音和农耕社会的生产、生活、礼仪习俗，百姓热情好客，民风淳朴厚道，是真正融山水之胜、田园之韵、民俗之美于一体的现代桃花源。

文化背景

卯山煮茶以消灾 青烟袅袅入宫廷

传说在唐景龙年间，浙西一带发生了瘟疫，松阳的很多百姓都染上了瘟疫，造成诸多家庭家破人亡。百姓都向民间郎中看病求助，但是由于病情十分严重，郎中们都束手无策。在武当山游访的道教法师叶法善得知故土松阳遭受瘟疫之痛后，立即赶回松阳，召集道士前往卯山采茶，再用卯山的仙泉泡茶，赠予百姓。松阳百姓闻讯纷纷前去讨取仙茶，很多染上瘟疫的百姓经过多次饮用茶水后，病情有所好转，这一带的瘟疫也渐渐地得到控制，叶法善因此被松阳百姓尊称为济世救人的“叶天师”，百姓们纷纷建立“天师殿”来敬奉他。现在松阳县境内仍有多处“天师殿”及其遗迹。叶天师施茶消灾的传说，弘扬了松阳茶助人救世的茶道精神。

松阳建县于东汉建安四年，距今已有1800多年的历史，漫长的历史孕育了松阳人民勤劳、质朴的民风，创造了灿烂的农耕文化，同时也孕育了绚丽多彩的松阳茶文化。茶叶伴随着松阳走过了1800余年的风雨历程，茶与宗教礼俗、诗书绘画、歌舞摄影相互交融。早在三国时期，松阳就盛产茶叶，由于地理条件良好，加之又是浙西南的政治、经济和文化中心，自然也就成了当时传播茶文化、

· 叶法善

发展茶产业的重要之地。当时，来自云和、龙泉的茶叶均在松阳白龙州街头汇集交易。而到唐代，松阳茶因一位真人的出现而成为贡茶，这位真人就是道教法师叶法善。唐代时期，松阳的佛教、道教相当兴盛，据记载，唐代著名道教法师叶法善（616—720），在松阳古市卯山观修炼期间，取卯山水土培育出了10多株优质茶树，制得"竹叶形，深绿色，茶水色清、味醇"的茶叶，取名为"卯山仙茶"。泡出后茶水色青、味醇。传说，饮用卯山仙茶，不但可以提神清肺，还能凉血长寿。因道教法师叶法善深得唐高宗至唐玄宗期间多位皇帝赏识，经常往来于古市卯山与京都宫廷之间，"卯山仙茶"也随之进入宫中，深得皇上喜爱，故被列为宫廷贡品。由于叶法善的影响，松阳茶叶随之名声远扬。除卯山仙茶之外，当时松阳的横山茶、下街茶也为地方名茶，闻名遐迩。

· 采茶女

松阳茶的发展不仅与茶的品质、人们对茶叶的需求有关，更与松阳茶济世救人的茶道精神以及厚积薄发的茶文化密切相关。据《松阳县志》记载，1929年，松阳茶叶获得首届西湖博览会金奖，从此，松阳茶开始出现在国际舞台上。抗日战争时期，为避战乱，浙江省农业改进所曾迁松阳，为了培育新的品种和改良茶叶的品质，提高松阳茶的栽培、采摘等技术，在松阳建立横山试验茶场和制茶厂，这一举措推动了松阳茶向前迈进。20世纪60年代，赤寿公社红连大队开垦出百余亩“红连示范茶园”，在赤寿公社的带动下，几年间全县规范茶园面积达到近万亩。

·松阳香茶

在现代社会，松阳茶的发展与松阳人民的生活之间关系更为密切。松阳茶对当地人民生产、生活的影响极为重大。至2013年，全县的茶叶面积超过10万亩，有8万多的农民从事茶叶产业，茶叶一产产值超过9亿元，茶叶收入是农民收入的重要来源之一。松阳人对松阳茶的不断发展和研究，不仅传承了松阳茶的传统制作工艺，也进行了创新，更加符合现代社会对茶叶的需求，茶叶精深加工、茶文化、茶旅游等在松阳悄然兴起，“接二连三进四”的全产业链发展模式在宣扬茶文化的同时也将推动松阳茶叶产业健康有序的发展。

历史留神物 茶香飘千年

具有1800年建制史的松阳古县，茶文化内容之丰富，浩如烟海，北宋伟大文学家苏轼与居松阳西屏山的祖谦禅师饮琼品茗时就留下脍炙人口的千古传诵诗篇：“道人晓出西屏山，来施点茶三昧手。忽惊午盏兔毫斑，打作春瓮鹅儿酒。天台乳花世不见，玉川风液今何有？东坡有意续茶经，要使祖谦名不朽。”首开了松阳县“有意续茶经”的先河。

唐朝大诗人戴叔伦任东阳县令期间，曾访松阳横山寺，老僧人奉上一碗当地产的横山茶，戴叔伦沉浸于茶香，不觉日落西山，不胜感触，乃赋诗《横山》：“偶游横山寺，溪深景最幽。老衲供茶碗，斜阳送客舟。”以表达依依难舍的心情。横山茶到如今，还以它特有的风格品质倍受大家赞赏。继苏轼、沈晦之后，元、明、清各朝代松阳籍或来松阳为官为客的文人雅士也撰写了大量赞美松阳茶的诗篇，现从丰富的文库中选录部分名句。“石室夜明烧药火，云轩晓暖煮茶烟”（元·刘回翁《卯山》）；“春色满怀金谷酒，清风两腋玉川茶”（明·詹雨《景福观》）；“空厨竹畔无烟火，细和茶声有竹鸡”（明·詹嘉卿

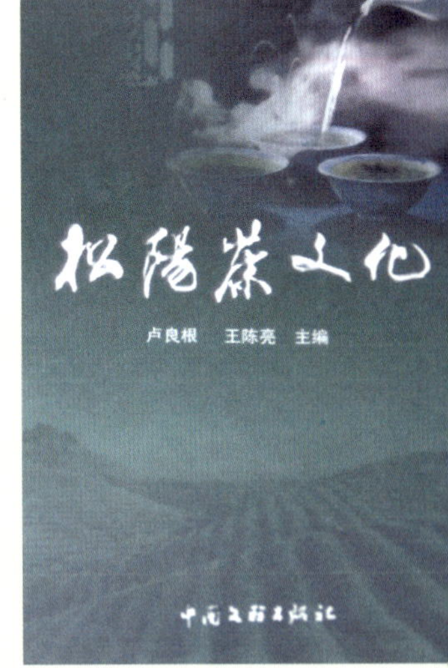

·松阳茶歌、茶书籍

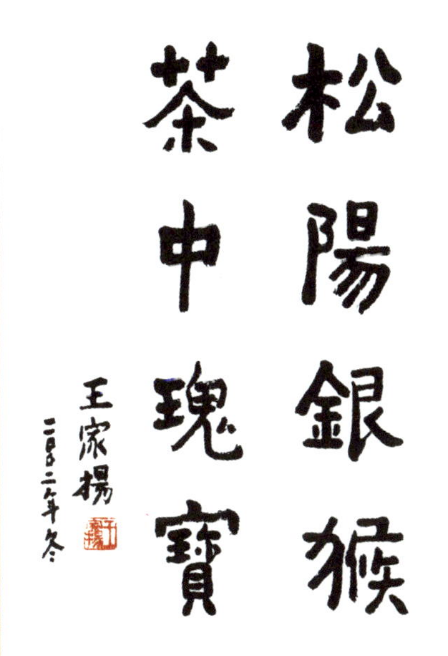

· 王家扬先生题字

《万寿山》）；“汲水煮茶气味清，一饮人疑有仙骨”（清·周圣教《西屏山怀古》）；“先追六丁后垒茶，黑甜道上相招呼”（清·吴世涵《追魂碑歌》）；“濑泉啜饮涤尘襟，起来共访神仙迹”（清·杨孙芝《游卯山歌》）。

品牌建设

悠久的栽培历史，深厚的文化底蕴以及不息的山水之灵气孕育了现代名茶——松阳银猴这一茶中奇葩。在松阳茶传统制作工艺的基础上，松阳县农业局于20世纪80年代初组织研制生产出了“松阳银猴”新品。作为松阳县茶叶的品牌，自2001年下半年起，松阳县委县政府将“松阳银猴”确定为松阳茶叶的主打品牌，进行大手笔、全方位打造，经过品牌整合和茶类调整，推出了松阳银猴、银猴白茶、银猴山兰、银猴龙剑、松阳香茶、松阳红茶为组合的多茶类松阳银猴系列名茶。制定颁布了《松阳银猴证明商标使用管理规则》，严格按

·松阳香茶摊青工序

·松阳香茶杀青工序

照松阳茶地方标准进行生产和销售，确保了松阳茶的品质。为加强市场监管，在浙南茶叶市场设立了管理办公室，建立了农产品质量检测中心，加强对加工企业的检查，对不符合标准的茶叶一律就地销毁，确保松阳茶真正做到绿色、安全、放心。近几年来，通过不断地发展和尝试，“松阳银猴”的知名度不断提升，2003年被评为省名牌产品，2004年被评为浙江“十大名茶”。

为提高松阳茶的市场美誉度，一是通过举办推介会、品尝会等推广活动，大力宣传松阳银猴品牌。从2002年以来，松阳县每年投入近百万元巨资倾力打造松阳银猴品牌，先后组织参加了在杭州、宁波、南京、上海、济南、北京、西安、青岛、广东、沈阳、哈尔滨等全国各大主要城市及俄罗斯、泰国、马来西亚、法国等国家举办推介会、品尝会、产销对接会等推广活动，大力宣传松阳银猴茶品牌，提高松阳银猴的市场知名度和品牌影响力。二是在本地举办中国茶商大会松阳银猴茶叶节。从2008年起，由中国茶叶流通协会、浙江省农业厅等为主办单位，连续7年在松阳本地举办了中国茶商大会松阳银猴茶叶节，每届都有近40余家中央、省、市级新闻媒体、茶叶杂志对松阳银猴进行大量的宣传报

• 2013松阳银猴茶叶节

• 茶产业可持续发展论坛

道，有近500名全国各大茶叶交易市场、茶叶企业的茶商来松阳参加茶商大会，“以茶会友、以茶怡情、共话发展、共促经济，努力把松阳茶叶推向全国，推向全世界”，对于推进松阳县茶产业可持续发展，促进农民持续增收，产生了重要的作用和深远的影响。

经过十多年的努力，松阳银猴品牌知名度不断提高，茶叶市场空间不断拓展，品牌效应日益凸显。目前，松阳县已确立了浙江茶乡、中国茶叶主要集散中心的地位，迈入全国产茶重点县之列，松阳县先后被命名为“中国绿茶集散地”“中国名茶之乡”“中国茶文化之乡”“全国重点产茶县”“全国十大特色产茶县”和“浙江省茶叶强县”；“松阳银猴”被评为“中华文化名茶”“华东十大名茶”，并连续两届荣膺浙江省十大名茶称号；“松阳茶”成为国家地理标志保护产品，松阳银猴商标被认定为浙江省著名商标；浙南茶叶市场是全国最大的绿茶产地市场，也是丽水市惟一一家农业部定点市场，2013年被中国茶叶流通协会命名为“中国绿茶第一市”，市场交易额连续7年、交易量连续11年居全省第一，销售网络遍及全国20多个省市。

· 银猴茶

知识链接

茶叶的贮藏

坛藏法：用此法贮藏茶叶，选用的容器必须干燥无味，结构严密。常见的容器有陶甏瓦坛、无锈铁桶等。

罐藏法：目前，有许多家庭采用市售的铁罐、竹盒或木盒等装茶。这些罐或盒，若是双层的，其防潮性能更好。装有茶叶的铁罐或盒，应放在阴凉处，避免潮湿和阳光直射。如果罐装茶叶暂时不饮，可用透明胶纸封口，以免潮湿空气渗入。

袋藏法：目前用得最多的是用塑料袋保存茶叶，这也是家庭贮藏茶叶最简便、最经济的方法之一。用塑料袋包装茶叶，能否起到有效的保存作用，关键是：一要茶叶本身干燥，二要选择好包装材料。

冷藏法：用冰箱冷藏茶叶，可以收到令人满意的效果。但有两点是必须注意的：一是要防止冰箱中的异味污染茶叶，二是茶叶必须是干燥的。

· 松阳茶冲泡

本产品图片均由松阳县农业局提供

产品概况

产 品 名 称：惠明茶

国家公告号：国家质量监督检验检疫总局2010年第52号

保 护 范 围：浙江省景宁畲族自治县现辖行政区域

惠明茶

名山、名寺、名茶，自古高僧倡名茶。佛界饮茶最早在晋代，佛教禅宗住持圆通，希望通过饮茶把自己与山水、自然融为一体。茶佛一味，山水一体，如此惬意地寄情于山水，此茶定别有一番风味。此茶即惠明茶，外形条索紧细稍弯曲或呈扁直形、色泽绿润，内质香气浓高、汤色明亮、滋味鲜醇回甘、叶底明亮，生长于『两山夹一水，众壑闹飞流』的景宁畲族自治县，高山云雾缭绕，碧波清泉流淌，民族风情洋溢，惠明茶香浓郁，此情此景，此茶此香，久久不能忘怀。

高山云雾出好茶　碧波清泉酝兰香

景宁县属中亚热带季风气候，具有温暖湿润、雨量充沛、日照短而多云雾、四季分明、冬夏长、春秋短、热量资源丰富、无霜期长、冬暖春早等特点。

景宁畲族自治县位于浙江省南部山区，瓯江上游，境内山地广阔，群山连绵，山水苍碧，是典型的山区县，地貌以深切割山地为主，有着“两山夹一水，众壑闹飞流”的地貌格局，有山地、台地和谷地等。土壤结构以红壤土和黄壤土为主，其中红壤土占44.6%，黄壤土占42.21%，土层深80~150厘米，pH4.5~5.5，有机质含量高，通气、透水性良好，全县宜茶土地20万亩 ，是品质优良的土种，适宜茶叶的生长和繁盛，能为景宁惠明茶品质的稳定和提高，提供优越的生态环境。

境内有瓯江、飞云江两大水系，由于景宁县工业欠发达，境内水文流域基本上没有工业污染，瓯江、飞云江两大水系及许多小支流水质均达国家一级饮用水标准，水质好，能满足生产绿色有机茶的要求。更为优越的是茶区大部分分布在海拔300~800米的地段，山中泉眼众多，涓涓细流，大旱不涸，茶树所需水分一

般靠天然降水和山泉水灌溉，绝对没有因灌溉水导致污染的现象。滩坑水电站建成，水库水域面积达10.7万亩，为浙江省第二大水库水域，可明显增加水库周围的水雾气，对生态起到调节作用，形成良好的小气候。

由于景宁县地处浙南山区，山地面积多，森林覆盖率高，水资源丰富，降水量多，污染相对比较小，生态环境质量名列全国前列，大气和水质均达到国家一级标准，生态环境十分优越。清邑乡绅潘援在《鹤溪八景诗·鹤溪春水》一诗中写到“细柳青青照晴池，落花点点浮沧澜”，可说明景宁境内光照充足，雨量充沛。清昔日训导陈元颖吟《惠泉山诗·惠岭铺海》：“缥缈峯头朔雪寒，天然石室色琅玕，烟霞晚期铺如海，会向岩头试一看”，描绘出了景宁境内云山雾海，十分壮观。俗话说，“高山云雾出好茶”。山区常年云雾弥漫，立体气候明显，对茶叶芳香物质的形成与积累，对提高茶叶品质极其有利。

景宁独特的地理环境，良好的生态气候与土壤条件，加上独特的加工工艺，造就了景宁惠明茶“色泽翠绿，香高味浓，耐泡回甘，滋味鲜爽，富含兰花香、水果味”的独特品质特征。

· 敕木山

·畲乡之晨 张光林 / 摄影

载歌载舞畲族情

景宁是华东地区惟一的少数民族自治县，也是全国惟一的畲族自治县，畲族文化底蕴深厚，民族风情浓郁，并以其独有魅力成为民族文化宝库中一份珍贵的遗产。畲族是一个能歌善舞的民族，千百年来，畲族人民在生产劳动中创造了许多的舞蹈艺术，畲族民间舞蹈主要有祭祀、丧礼和婚礼舞等。在生活中，畲族用特有的舞步与节奏传达喜悦与热情，也体现景宁独特的乡土文化。畲族民歌是畲族人民的口头文学，也是畲族文化的重要部分。畲族只有语言而无文字，

· 千年山哈——畲家问茶　李肃人 / 摄影

常借用汉字记畲语音法手抄许多歌本。旧社会畲民没有受文化教育的机会，把学歌唱歌作为一种重要文化生活。20世纪60年代以前，民歌普及率较高，常以歌代言，沟通感情；以歌论事，扬善惩恶；以歌传知，斗睿斗智，形成一套上山劳动、接待来客、婚丧喜事的对歌习俗。畲族民歌七字一句，四句一首，讲究畲语押韵，不少人能即兴编唱，有的歌手对唱一两夜而不重复。2012年上演了畲族风情舞蹈诗《千年山哈》，该剧由序、传师、耕山、獳歌、礼嫁、尾声六部分组成，通过歌舞展示了畲族山歌音乐、手工技艺等文化精华与山水景观，展示畲族坚韧忠厚、和谐奋进的民族风貌，荣获第四届全国少数民族文艺会演金奖。畲族服饰特色主要体现在妇女装扮上，以象征万事如意的“凤凰装”最具特色，即在服饰和围裙上刺绣着各种彩色花纹，镶金丝银线；高高盘起的头髻扎着红头绳；全身佩挂叮叮作响的银器。畲族最喜欢蓝色和绿色，红、黄、黑也颇受欢迎。服饰条纹图案排列有序，层次分明，衣领上常绣一些水红、黄色的花纹。畲族的民族体育项目很多，非常有特色，有“操杠”“跳竹竿”“押加”“操石磉”“赶野猪”“摇锅”等。畲族最主要的节日为“三月三”，每年农历三月初三举行，其主要活动是去野外“踏青”，吃乌米饭，以缅怀祖先，亦称“乌饭节”。乌米饭是用乌枝(一种小灌木，深秋果实如黑豆，味甜可充饥)嫩叶汁染糯米蒸饭吃。各地对吃乌饭说法不一，有的说是唐代一位畲族首领被官兵围困山上，吃乌枝渡过难关，故以染乌饭纪念；但更普遍的说法是吃了乌饭上山劳动不怕蚂蚁咬，所以将乌饭作为一种保健食品。现在三月三日已发展成畲族对歌节，形似广西壮族的“赶歌圩”。近年来，《畲族民歌》《畲族三月三》两个畲族项目被列为国家级非物质文化遗产代表名录，拥有13项省级非遗代表名录。畲族原生态文化保护区是浙江省首批原生态文化保护区，“中国畲乡之窗”“中国畲族三月三”“中国畲族民歌节”等景区节庆活动名声远扬。

民间传说 扬惠明茶之神话

礼轻情意重 三片惠明茶

相传，惠明寺建于唐代，到了宋代，寺庙已经年久失修，当时有位长老就到外面去化缘募捐，想要重修惠明寺。有一天，长老在回景宁的客船上认识了一位乐清的客商，两人志趣相投，成为好朋友，分别时乐清客商送了银两布匹给长老，长老没有什么东西回送，就把随身带着的青泥罐里的茶叶倒出来回敬，哪晓得罐里只剩下三片景宁惠明茶，长老心想，回寺院还有几天水路，留着一片自己用，送给了

· 采茶女　惠明茶业 / 供图

乐清客商两片景宁惠明茶。乐清客商心里有点不高兴，觉得太小气，但又想到："礼轻情意重"的古话，就随手收下。

乐清客商回到乡下老家，刚好他夫人难产，把乐清客商急得团团转，不知怎样好，忽然想起惠明寺长老送茶叶时说的话："这点茶叶，你万一遇上什么难事解不开，冲碗茶喝喝，也是好的。于是，他就去把景宁惠明茶找出来，泡了一小碗端给夫人喝，说也奇怪，他夫人喝过茶后很快就生下一个白白胖胖的儿子。这孩子又清秀又聪明，长大后才学很高，上京赶考，中了头名状元。这位乐清客商姓王，这个状元据说就是宋朝有名的乐清状元王十朋。而这三片神奇的茶叶，就是惠明寺院后的白茶。这事传开后，乐清、瑞安一带的客商，都特意赶到景宁来购买惠明茶。

历史、茶叶样样芬芳　文化、品质屡获殊荣

惠明茶因产于景宁畲族自治县敕木山"惠明寺"一带而得名。相传在唐朝大中年间，有一个畲族老人叫雷太祖，带着四个儿子，从广东逃难到福建，又从福

· 惠明寺　蓝三峰 / 摄影

建流浪到浙江，雷太祖在景宁县的一个叫大赤坑的深山坞里搭起了草棚，父子五人靠垦荒种杂粮过活。他们在景宁鹤溪镇（县城）遇见了一个和尚，这位和尚非常同情他们，把他们带到自己的寺庙里。原来这位和尚就是拉敕木山惠明寺的开山祖师。这里古木森森，荒无人烟。和尚叫雷太祖父子留在寺庙周围辟山种茶，从而诞生了景宁惠明茶。

据《景宁畲族自治县志》记载：唐大中年间（847—859），景宁已种植茶树。咸通二年（861年），惠明和尚建寺于南泉山（今鹤溪镇惠明寺村，寺因僧名，村因寺名），并在寺周围栽植茶树，此处"敕木峰高插苍闵，南泉列岫排嶙峋"，所产茶叶品质优异，也因寺名称"惠明茶"，迄今已有1160余年的种植历史。现在惠明寺右侧尚有一株古茶，1979年经专家测定，树龄已逾千年，此树所产茶叶芽乳白带淡黄，冲泡后又呈白色，色香味俱全，人称"白茶""仙茶"。

明朝天顺，咸化年间（1457—1487），邑贤潘琴、李琮二人同朝为官，与明英宗、宪宗二代皇帝交情甚笃，常往来于景宁至京都之间，家乡的景宁惠明茶遂入宫中，深受皇宫青睐。由于饮用景宁惠明茶叶提神清肺，凉血长寿，故被列为贡品，并代代相传，岁岁内贡，据《处州府志》载：明成化十八年（1482年），每年交芽茶二斤，列为贡品。

清朝咸丰年间（1860年），诗人严用光饮了贡品惠明茶后吟诗《惠明寺茶歌》：“古柏老松何是数，山中茶树殊超伦……二公不到南泉地，坐令异卉嗟沉沦”“入京马上争矜贵，黄封红裹呈枫宸”可见山中历来种植的惠明茶品质之优异。据清同治十一年（1872年）撰《景宁县志》载：茶，随处有之，以产惠明寺大漈者为佳，足见当时景宁种茶普遍，茶业已十分兴盛。

惠明茶名冠全球，1915年，浙江省“伪政府”征集各地著名丝绸织品、土特产品出国参加在美国旧金山为纪念巴拿马运河开凿成功举办的万国博览会展赛，惟景宁惠明茶荣膺一等证书和金质奖章，从而名扬四海，誉满中华，景宁县把这一光荣历史载入《景宁县续志》：“茶叶，各区皆有，惟惠明寺及漈头村出产优佳，民国四年得美利坚巴拿马万国博览会一等证书及金质奖章……。”

1915年巴拿馬萬國博覽會獲金質獎章

惠明茶開發于唐代

· 惠明茶奖章

·惠明茶业供图

·惠明茶业供图

茶佛一味 僧人诗人共倡惠明茶文化

佛界饮茶最早在晋代，佛教禅宗住持圆通，希望通过饮茶把自己与山水、自然融为一体。茶有“三德”，即“提神、助消化、静心”，利于僧人坐禅，故历代佛教倡导饮茶。佛教非常讲究“饮茶之道”，寺院内设有“茶堂”，法堂内置有“茶鼓”，在大寺庙的僧人分工中有“茶头”和“施茶僧”，寺庙中的茶叶称“寺院茶”，自古茶“爱僧家，慕诗客”。

我国素有“名山、名寺、名茶，自古高僧倡名茶”之说。从唐朝开始，景宁的寺庙里就已注入“茶道”。唐咸通年间，惠明和尚建寺山中，种植茶树，采制好茶，招待香客。清邑人严用光在《惠明寺茶歌》称：“敕木峰高插苍闵，南泉列岫排嶙峋，古柏老松何足数，山中茶树殊超伦……寺里老僧偏解事，新茗向我笑言亲，呼童官井汲泉煮，石乳清冷浮圆匀……我闻当年陆羽著茶经，苦舛香茗多良因，四十三品别高下，千秋俎豆祀茶神，洛阳卢同最相识，饮过七碗无逡巡，二公不到南泉地，坐令异卉嗟沉论……”诗句记叙了寺僧施茶，诗人品茶，共论佛教、茶道的生动场景，叹息当年撰著《茶经》的陆羽和对茶偏有见识的卢

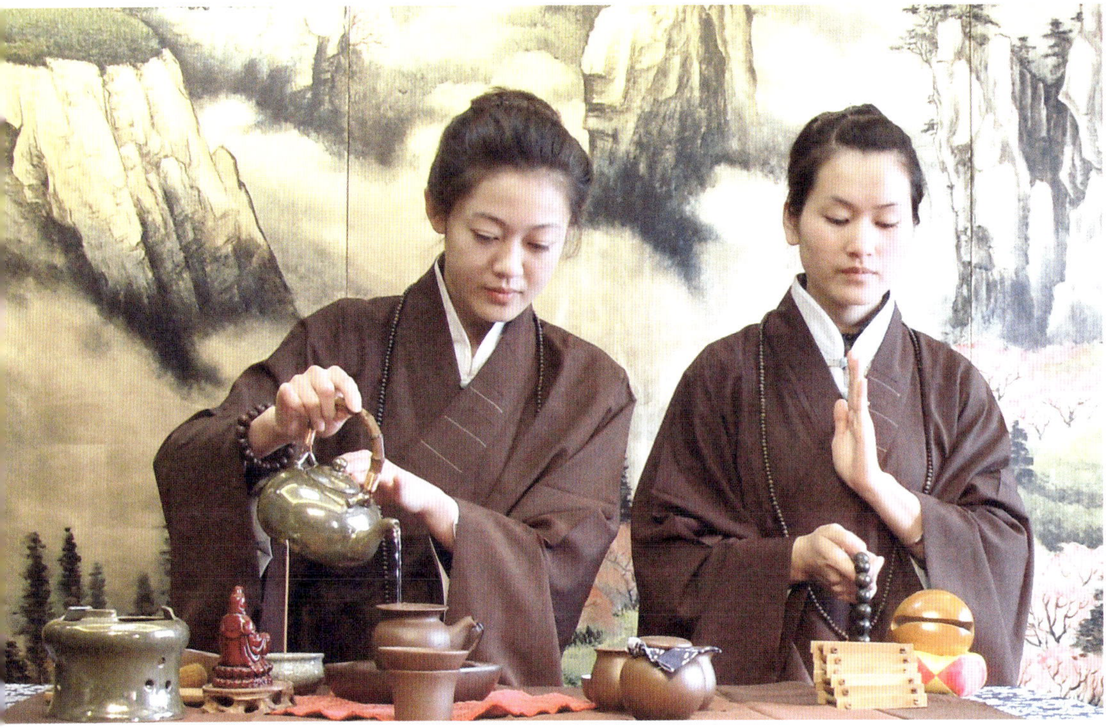

• 惠明茶业 / 供图

仝（诗中卢同），没有到过这偏僻的惠明寺，以致品质优异的景宁惠明茶默默无人知晓。

古时景宁寺院、佛殿众多，这为景宁惠明茶的发展，为景宁惠明茶文化的长足延续，起到了极具重要的作用。

惠明寺茶歌

清 · 严用光

敕木峰高插苍闵，南泉列岫排嶙峋；
古柏老松何足数，山中茶树殊超伦。
神僧种子忘年代，灵根妙蕴先天春。
栖真庵接惠明寺，脂柯肉叶无纤尘。

滋云蓄雾灌泉液，嫩芽初茁含清真。
寒食清明都过了，采焙谷雨趁芳辰。
雀舌龙团分次第，纸封瓶贮标题新。
寺里老僧偏解事，新茗向我笑言亲；
呼僮官井汲泉煮，石乳清冷浮圆匀。
旗枪一一相排列，满欧色味良精醇。
我闻当年陆羽著茶经，苦舛香茗多良因；
四十三品别高下，千秋俎豆祀茶神。
洛阳卢同最相识，饮过七碗无逡巡。
二公不到南泉地，坐令异卉嗟沉沦。
又闻武夷罗芥多佳品，年年纳贡旧章循；
入京马上争矜贵，黄封红裹呈枫宸。
浙江自昔产佳茗，天台天目若比邻；
龙井雁湖俱清绝，往往茶事谈纷纶。
此处僻在东南奥，抱奇孕美无由伸；
仙人株生灵异石，欲传韵事难其人。
我作此歌示山衲，辞冗语拙空铺陈。
茶兮茶兮莫嫌知己少，灵芽秀液今沾唇；
会须品题到仙客，玉堂清宴娱嘉宾。
我且与茶坚人约，名山空谷长此藏奇珍。

畲族民间歌谣 《泡茶歌》

山坑冷水清又清，铜壶烧茶哄哄声。
茶牙攤丌天门路，茶子破丌地狱门。

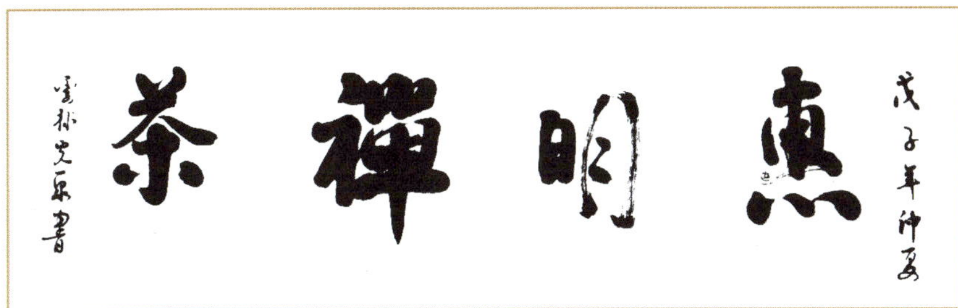

· 惠明茶业 / 供图

品牌建设

金奖惠明茶以“香高味浓，耐泡回甘，富含兰花香、水果味”而区别于其他名茶，具有“茶条紧细稍弯曲，色泽翠绿显毫，汤色清流明净，香气浓高持久，滋味甘醇爽口，叶底匀整成朵”之特征和风格。1915年，惠明茶荣获巴拿马万国博览会金奖，成为浙江省出国最早、获荣誉最高的茶叶名产。2005年，惠明茶被确定为国务院专供茶。2010年获上海世博会金奖、“中华文化名茶”称号，景宁县被评为“全国重点产茶县”“中国名茶之乡”和“中华茶文化之乡”。

· 惠明茶业 / 供图

近年来，景宁县政府根据生态、高效茶业和可持续发展的要求，大力发展绿色食品、有机茶及特色产品，推行农业标准化生产，坚持数量和质量、速度和效益的统一。按照“因地制宜、合理搭配”的原则，通过采取集中连片开发，改造低产、低效、低质的“三低”茶园，改植换种等措施，发展无性系良种茶园，巩固提升老茶园。通过政策扶持，吸引投资开发茶业，充分调动茶农积极性，惠明茶种植面积不断增加，规模越来越大，产品质量逐年提升。截止目前，景宁县各茶叶生产基地均通过无公害产地认证，1家企业通过绿色食品认证，3家企业通过有机产品认证。

为了推动茶产业的发展，景宁县成立了“景宁畲族自治县惠明茶行业协会”，将当地多个茶叶品牌统一为“惠明”品牌，加大“惠明”公共品牌的统一、完善和宣传力度，利用电视、网络传媒、报纸、户外广告及各种茶事活动为载体，大力组织品牌宣传。努力挖掘“千年惠明、百年名茶”的文化底蕴，从育品牌、创品牌、扬品牌、护品牌等环节入手，以增强茶叶品牌竞争力为目标，出台扶持政策，积极引导茶叶企业加强惠明茶品牌建设，大力推进茶业的标准化生产、品牌化经营。目前，景宁县拥有1个“中国驰名商标”，3个“浙江省著名商标”，3个“丽水市著名商标”，1家企业获“浙江名牌产品”称号，2家企业获“丽水名牌产品”称号，并成功获得美国、韩国商标注册。

为提升惠明茶知名度和影响力，收集和整理畲族古朴浓郁的民间茶艺，结合现有的茶园、茶厂和古老茶王、惠明寺、畲族古村落等载体，把金奖惠明茶文化和畲族文化有机结合起来，使之成为一项特色旅游项目，从而进一步提升金奖惠明茶的知名度和影响力。为有效保护宝贵的惠明茶文化，在景宁县图书馆建立《金奖惠明茶数据库》，分为文字、图片、视频三大部分，其中文字6万多字、图片百余张、视频近120分钟，它的建成为茶文化研究者的研究提供强大的数据支持，更好地宣传了景宁金奖惠明茶。景宁县政府通过组织企业参加农博会、国际茶展等各种茶事活动，开展形式多样的宣传活动，惠明茶的品牌影响逐步增强，销售渠道不断拓展，销售量日益增长。

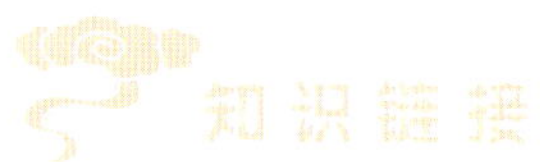

学冲泡方法

1. 茶叶用量：冲泡惠明茶，茶与水的比例要恰当，通常茶与水之比为1：50~1：60（即1克茶叶用水50~60毫升）为宜，这样冲泡出来的茶汤浓淡适中，口感鲜醇。

2. 水温：惠明茶冲泡水温应在70~80℃为宜（水烧沸后，再冷却至70~80℃），这样冲泡出来的茶汤鲜活明亮，滋味爽口。水温过高，会破坏茶叶中的大量维生素C，易造成茶汤颜色较深，且滋味较苦。

3. 冲泡次数：景宁当地饮茶有“头道苦、二道补、三道洗洗嘴”之俗。据测试，冲泡第一次时，可溶性物质能浸出50%~55%；第二次能浸出30%左右；第三次能浸出10%；第四次则所剩无几。所以，就如我们常讲的，“品茶！三个口，谓之品，一泡茶，冲三次即可”。

• 惠明茶业 / 供图

产品概况

产 品 名 称：龙泉灵芝、龙泉灵芝孢子粉

国家公告号：国家质量监督检验检疫总局2010年第54号、2011年第137号

保 护 范 围：浙江省龙泉市行政区域

龍泉灵芝

龍泉灵芝孢子粉

浙江，是一个充满灵气的地方，这里有太多动人的故事传诵至今。还记得白素贞与许仙之间至死不渝、荡气回肠的爱情吗？许仙受到惊吓昏死过去，白素贞不顾性命去盗取仙草，将许仙从死神手中抢了回来。当人们在对这段爱情感动不已时，也不禁会想到白素贞盗取的仙草到底是什么，为什么会有这么神奇的功效。其实，仙草即灵芝，虽然不似文学作品中那般神乎其神，却依旧有着极高的营养价值，而龙泉灵芝更属灵芝中的上品。龙泉灵芝朵大形整、肉厚，其孢子粉色泽好、孢子饱满、结构致密、品质优良。在千年的延续中，龙泉灵芝及灵芝孢子粉更是将灵芝文化深深地融入其品质中。

地理环境

九山半水半分田 龙泉灵芝质地佳

龙泉市位于浙江省西南部，浙闽边境，东邻云和、景宁县，南连庆元县，西接福建浦城县，北接遂昌、松阳县。东南、西北部山脉绵亘，龙泉溪（瓯江上游）从西南向东北贯穿中部，群山平行于河谷对称分布，表现为成层性，低、中山带占总面积69.17%，丘陵占27.92%，河谷平原仅占2.91%，故有“九山半水半分田”之谓。

龙泉属亚热带季风气候，温暖湿润，四季分明；全年光热水同步，山地垂直差异明显，不同海拔区域小气候丰富多彩，昼夜温差大。山多林茂，林业用

• 灵芝产地环境　祝坚军 / 摄影

• 灵芝产地环境　祝坚军 / 摄影

地面积394万亩，森林覆盖率84.2%，少有污染源。境内河流分属瓯江、乌溪江（钱塘江）、闽江三大水系，水质优良。土壤结构以红壤和黄壤占多，其中可用来栽培灵芝的有46.66万亩，水稻土土层深厚，有机质含量高，养分丰富。

好山好水出好芝，清新空气、洁净水源、肥沃土壤、适宜气候，以及丰富的林木资源，这些得天独厚的条件，加之科学的栽培管理技术，造就了质地极佳的龙泉灵芝。

文化背景

巧救仙鹿免遇难　口衔灵芝医老妪

龙泉城乡广泛流传着“天仙神鹿送仙草救命”的传说。龙泉宝溪境内的天师山因道家张天师在此种芝修炼得名。天师山山高林密，树木参天。相传道家张

· 龙泉灵芝培育基地　季金强 / 摄影

天师在山上种芝炼“长生不老”之药，为取血种芝，养了几头梅花鹿（《本草纲目》记述，“道家种芝法，每以糯米饭捣烂加雄黄，鹿头血”，灌入老树腐烂处），一天梅花小鹿下山，遇上了打猎人，小鹿拼命逃跑，逃至山下一户农家，农家主妇巧妙地把小鹿藏了起来，救了小鹿一命。几年以后，农妇身上生了一个痈肿，疼痛难忍，家住高山，无处找药，农妇生命危在旦夕，家人非常着急，正在此时，小鹿口衔灵芝到了农户家，点头三下，放下灵芝就走了，家人把灵芝煎汤给农妇服用，一连吃了三帖，农妇痈肿便消失了，疼痛也消除了，还可以下地做事。原来是在山上修道种芝的张天师，得知农妇患病以后，为了报答善良农妇救鹿之恩，把自己种植的灵芝，差小鹿送去，自此张天师差神鹿送神草救命的神话便在龙泉广泛流传。今天八都溪口神庙中还保留着“仙鹿送仙草”的壁画。

灵芝文化 源远流长

龙泉灵芝文化历史悠久，源远流长，古时龙泉人，就认识了灵芝，早在宋代就有文字记载和图像描绘。《龙泉县志》记载：“南宋建炎三年（1127年）乙酉冬十一月芝产前太常少卿季陵房屋”。（季陵是龙泉城南宏山人，政和二年进士，建炎初从高宗至扬州，任太常少卿）

《龙泉县志》记载“大木以十数，几年无所蔽覆，此柱其耳（黑木耳）乎”。说明当时人们已经认识到灵芝和木材的关系及灵芝的生长发育条件。

北宋淳熙十一年（1184年），丽水人姜特立，召为朝官，应召时，献诗百首，其“香菌”一诗，热情地赞扬了龙泉灵芝之稀少珍贵。“薰蒸应地德，香滑异园蔬，天花非尔伦，金芝恐其余，雅宜斋庖荐，不爱羊羹污，将欲献天子，谁为达区区”。宋代灵芝瑞应之事十分兴隆，举国上下，搜寻灵芝，进贡朝廷，诗人欲将龙泉灵芝献天子，说明当时龙泉灵芝在全国已有一定地位。

文化积淀

诗词歌赋广流传

自古以来，在龙泉人的心目中，灵芝就是祥瑞的象征，是能治百病延年益寿的仙草，龙泉灵芝文化内容丰富，风格独特。

（一）龙泉诗词、楹联中的灵芝文化

（1）历代文人墨客，撰写了无数诗词、楹联、赞美龙泉灵芝，生动、形象地描绘了灵芝的形状、颜色，祥瑞寓意，生长环境，说明当时人们对灵芝已经有了充分的了解和认识，同时也为龙泉灵芝文化增添了精美、丰富的内涵。

南宋大词家管鉴在《水调歌头》词中写道：“莫问梅仙丹灶，休觅山灵蕙帐，追忆采芝翁。”

茯苓诗

元·周　砥

时忆紫芝歌曲旧，尚寻黄独制颓龄。
今晨暂辍青精饭，与洁方坛吟玉经。

灵芝

明·李　溥

甲申儿报芝产圃，乙酉先茔又产芝。
叠缘重重如甲字，三柯一本与川宜。
红黄莹夺金蟾色，祥瑞符同彩凤仪。
明岁愿生槐树也，婆娑花叶荫轩墀。

（2）在龙泉各地的寺庙、民宅古建筑中，保留着各种赞美灵芝的楹联。

灵草碧花仙子宅，暖风晴旭野人家。
灵草惟承天上露，玉毫不治世间尘。
梅香花馥琴心远，灵草春深鹤梦闲。

《辞海》称：灵草即灵芝。东汉班固，“西都赋”云：“灵草冬荣，神木丛生”。

（二）龙泉青瓷艺术中的灵芝文化

龙泉青瓷，历史悠久，名扬中外，历代龙泉青瓷艺术家常以灵芝为装饰，他们运用灵芝菌盖的波状环纹，两侧对应的如意状形，制成了大量精致的青瓷精品，使龙泉灵芝文化与青瓷艺术完美结合。今天龙泉博物馆和收藏家保存着大量反映龙泉灵芝文化的青瓷艺术珍品，龙泉金村古窑址出土的北宋青瓷灵芝纹磬，龙泉大窑古窑址出土的宋代灵芝耳瓶，南宋青瓷酒令中的灵芝耳瓶，南宋青瓷灵芝四方盅，龙泉大窑枫洞岩古窑址出土的明代青瓷灵芝梅瓶，元代手捧灵芝的麒麟坐佛等，灵芝与青瓷艺术的结合，使龙泉灵芝文化向海内外传播，产生广泛深远的影响。

（三）龙泉古建筑装饰雕刻艺术中的灵芝文化

灵芝作为祥瑞象征，深受龙泉人民喜爱。历代能工巧匠，雕刻了大量灵芝如意类的雕刻，今天在龙泉大批古建筑中就保存着大量的灵芝文化艺术珍品，龙泉八都源底及城镇大批明清时代的古建筑中，在轩窗、大门、大厅都有各种灵芝祥

·明清建筑别具一格的木雕灵芝图形（龙泉八都源底） 本组图片均由龙泉市老科协“乡土文史研究会”提供

瑞的雕刻艺术。

（四）龙泉绘画中的灵芝文化

在龙泉各地的古刹寺庙，亭台楼阁，住宅厅堂都有各种灵芝绘画，佛堂上的鹿衔灵芝，麻姑灵芝献寿，铁拐李老仙采芝制药等。

（五）龙泉盆景中的灵芝文化

灵芝古朴典雅，古色古香，油光如漆，菌盖条纹，波形交错，辉映成趣，一朵灵芝配以当地的山石、树根就是一件天然的艺术品，龙泉人利用龙泉灵芝制作了各种各样的灵芝盆景，深得艺术家和收藏家的青睐，发挥了龙泉灵芝的观赏价值，传播了龙泉灵芝文化。

品牌建设

龙泉灵芝 道地品质

龙泉地理条件适宜，森林资源丰富，自古出产灵芝。1981年对凤阳山资源综合考察，就发现灵芝、紫芝、树舌芝等多个灵芝种属。人工栽培始于20世纪90年代，1993年宝溪乡产段木灵芝10吨，开创了龙泉人工栽培灵芝的历史，1996年1月，中国国务院发展研究中心经济研究所命名龙泉为“中华灵芝第一乡”。灵芝作为一种药材，具有很好的药用性能，作用很大，灵芝酒也是美味极佳的上等酒，常饮能强身健体、延年益寿。21世纪初，孢子粉的药用、营养价

· 龙泉市食药用菌产业办公室 / 供图

值被逐步认识。龙泉县政府已制定省级地方标准《龙泉灵芝生产技术规程》。同时，制定了《龙泉灵芝及孢子粉地理标志产品保护管理办法》。

20世纪90年代初，龙泉开始发展人工栽培灵芝，2007年产段木灵芝488吨，孢子粉245吨，龙泉已成为全国段木灵芝和孢子粉的重点产区。现代灵芝的发展，大大丰富了龙泉灵芝文化。1995年中国食用菌协会授予浙江省龙泉市宝溪乡“中华段木灵芝第一乡”的称号，1996年国务院发展研究中心授予龙泉市“中华灵芝第一乡”的称号，并收录在《中华之最荣誉大典》，由此确立了龙泉灵芝在全国的重要地位，增添了龙泉灵芝文化的风采，丰富了龙泉灵芝文化内涵。

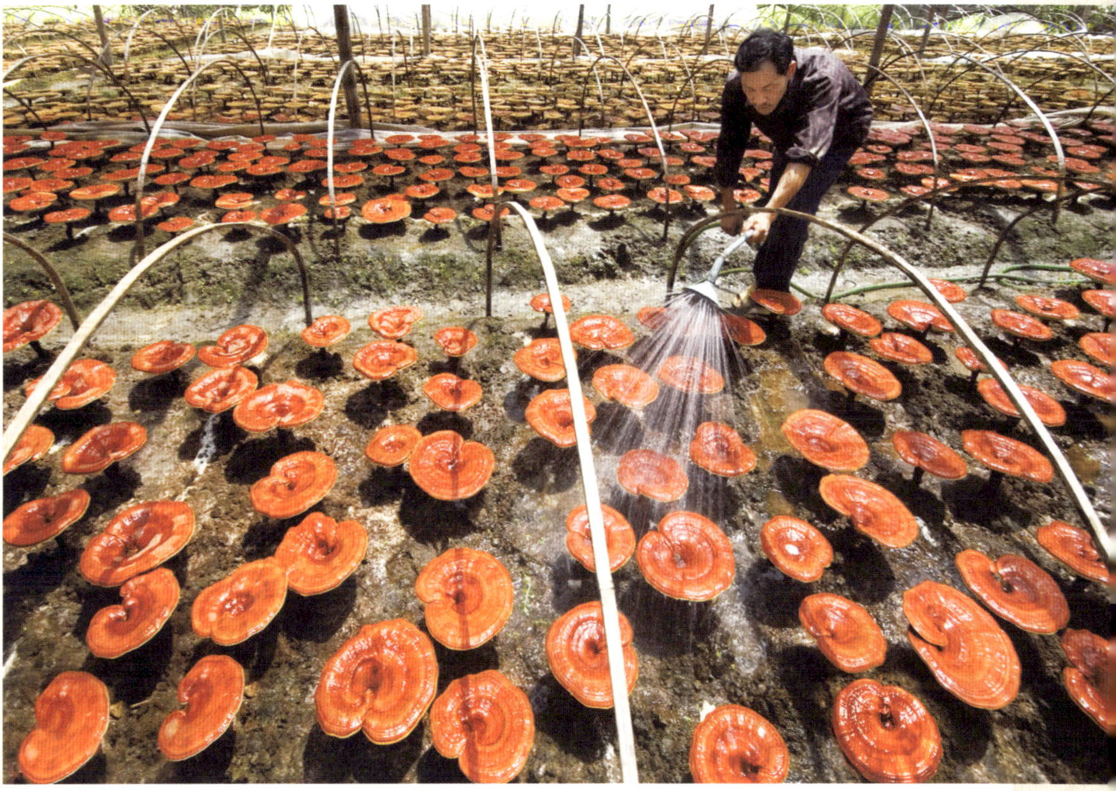

• 中华灵芝第一乡　潘世国 / 摄影

知识链接

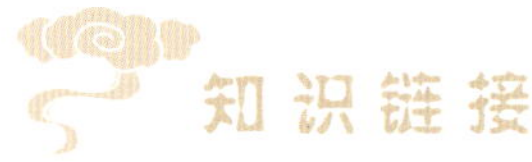

灵芝的食用方法

灵芝水煎法

将灵芝切碎，加入罐内，加入水，像煎中药一样地熬水服用，一般煎服3~4次；也可以连续水煎3次，装入水瓶慢慢喝，每天喝多少都无限制，对甲亢、失眠、便溏、腹泻等症有缓解作用。

灵芝泡酒

将灵芝剪碎放入白酒瓶中密封浸泡，三天后，当白酒变成红棕色时即可饮用，还可按个人口味加入一定的冰糖或蜂蜜，适用于神经衰弱、失眠、消化不良、咳嗽气喘、老年性支气管炎等症。

灵芝炖肉

灵芝可与猪肉、牛肉、羊肉、鸡肉等肉类搭配，以小火慢炖，可按各自的饮食习惯加入调料喝汤吃肉，有益于缓解肝硬化。

灵芝银耳羹

灵芝9克，银耳6克，冰糖15克，用小火慢炖2~3小时，至银耳成稠汁，取灵芝残渣，分3次服用，可缓解咳嗽、心神不安、失眠多梦、怔忡、健忘等症。

灵芝黑白木耳汤

灵芝6克，黑木耳（云耳）6克，白木耳（银耳）6克，蜜枣6枚，瘦猪肉200克，有滋补肺、胃，活血润燥，强心补脑的作用。

·龙泉市食药用菌产业办公室 / 供图

产品概况

产 品 名 称：云和黑木耳

国家公告号：国家质量监督检验检疫总局2010年第71号

保 护 范 围：浙江省云和县现辖行政区域

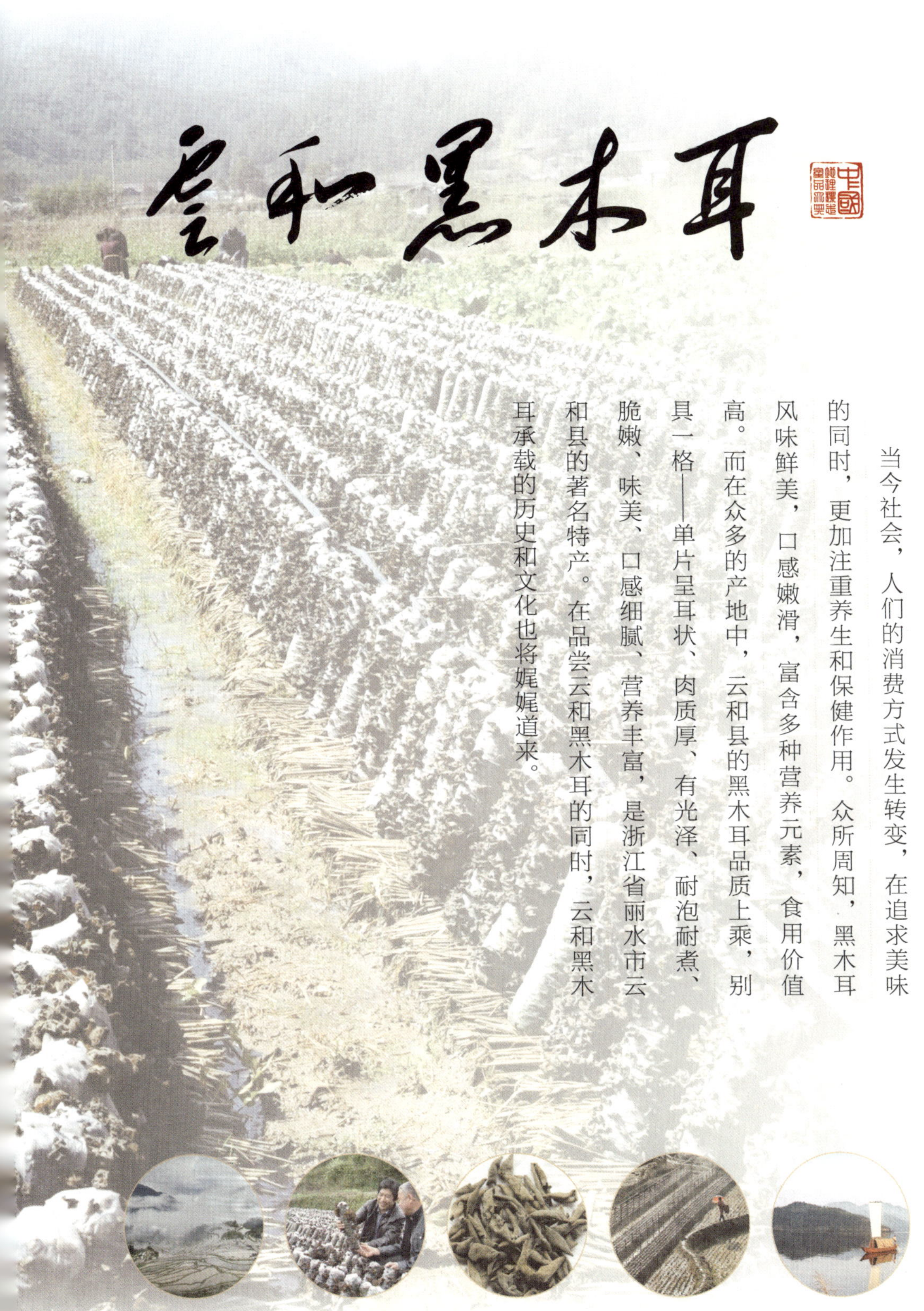

云和黑木耳

当今社会，人们的消费方式发生转变，在追求美味的同时，更加注重养生和保健作用。众所周知，黑木耳风味鲜美，口感嫩滑，富含多种营养元素，食用价值高。而在众多的产地中，云和县的黑木耳品质上乘，别具一格——单片呈耳状、肉质厚、有光泽、耐泡耐煮、脆嫩、味美、口感细腻、营养丰富，是浙江省丽水市云和县的著名特产。在品尝云和黑木耳的同时，云和黑木耳承载的历史和文化也将娓娓道来。

地理环境

洞宫物产福地出　盛名最是黑木耳

云和地处浙南洞宫福地，境内环境优美，物产丰富，名特优新农产品层出不穷，其中最负盛名的是云和黑木耳。云和县位于浙江省南部山区，位于东经119°21′~119°44′，北纬27°53′~28°19′，属中亚热带季风气候，多年平均气温17.6℃，最热月（7月）平均气温28.4℃，最冷月（1月）平均气温6.3℃，年平均降水量1465~1969毫米，无霜期240天，日照达1774.4小时。云和县是“九山半水半分田”的山区县，也是浙江省生态示范县，地势自西南向东北倾斜，山

地、丘陵形成山间盆地，山脉有南部的洞宫山脉和北部的仙霞岭山脉余支。小气候发达，温暖湿润，雨量充足，四季分明，空气质量优良。

境内土壤以红壤、黄壤为主，河流分属瓯江上游干流龙泉溪和瓯江上游小溪支流梧桐坑两大水系，山林植被覆盖率高，水系分布密集，地表水源丰富，无工业等人为污染，水质纯净而清洁。龙泉溪及支流沿岸有宽窄不等的河谷盆地，其中以云和盆地面积最大，约26平方公里，为云和县主要产粮区和黑木耳种植区，拥有林地面积117.80万亩。森林植被属中亚热带常绿阔叶林带，有百余种乔木，其中属国家重点保护植物13种。林木总蓄积量139.6万立方米，人均12.80立方米，森林覆盖率62.04%。得天独厚的自然条件，使云和黑木耳质量上乘。

• 绿梯田

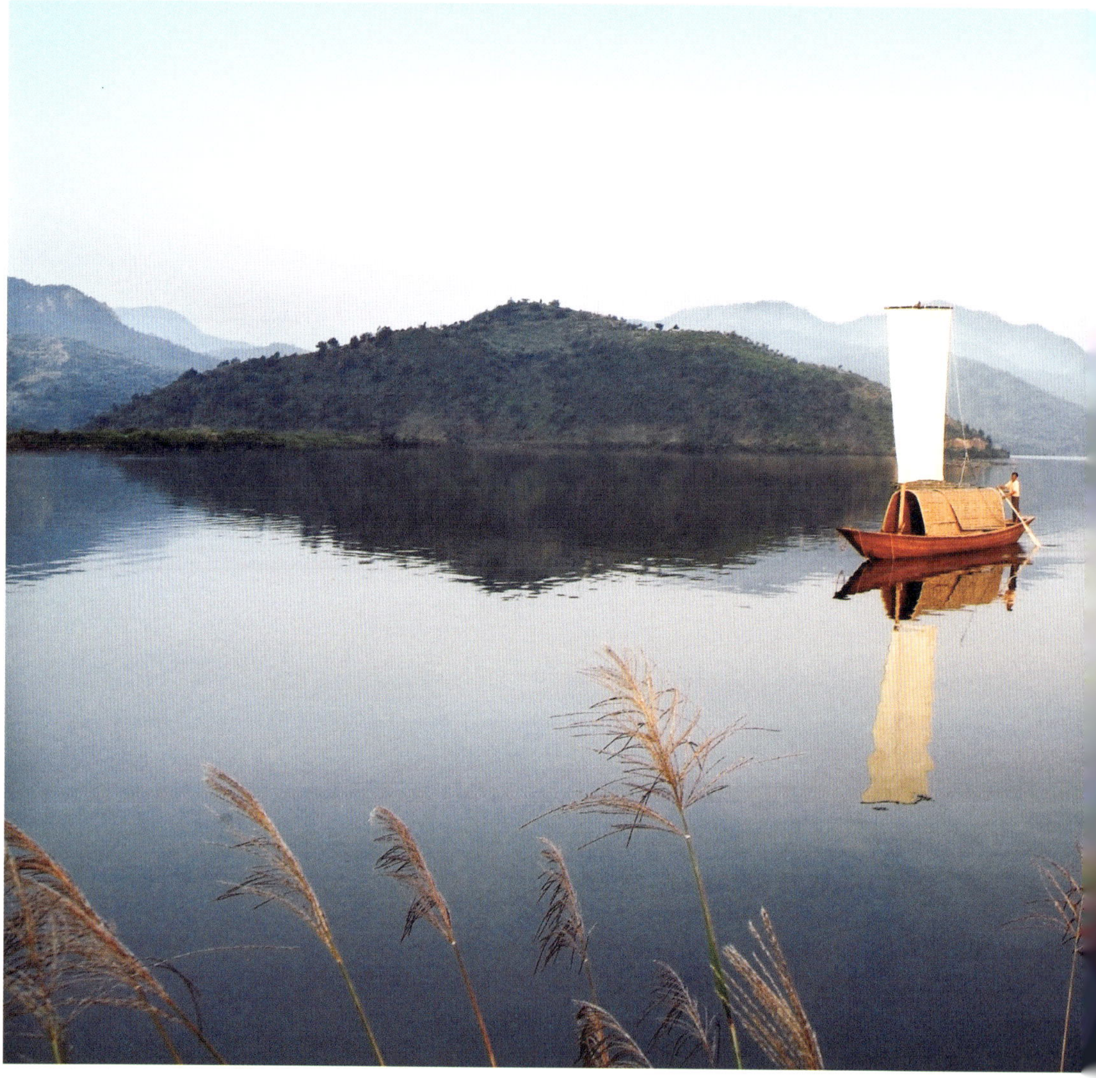

文化背景

狮山喷雪 木耳佳话

云和黑木耳的认识和利用有近2000年的历史。宋仁宗时，处州刺史王元定居云和柘野，建家庙，重修正德寺，请诗友高僧道通为住持，长居云和。时北宋文豪苏轼正好进士及第，春风得意，与道通也是至交诗友，时相唱和。云和人民

• 瓯江帆影

投其所好，采摘野生黑木耳赠苏东坡以求其文书，爱好美食与菌蕈的苏东坡甚是高兴，即题书“喷雪”二字，后刻立于云和著名胜地“狮山”狮乳泉上岩间，传承至今，成就了苏轼与云和黑木耳的一段佳话。

云和黑木耳在中国近代黑木耳发展历程中占据重要的一席之地。历史上云和、景宁二县（1962—1980年二县合建云和县）是我国南方黑木耳最主要产区。20世纪40年代至60年代，云和率先采用黑木耳孢子液接种法进行少量的生产应用。20世纪70年代，科技工作者将黑木耳菌种分离、培养成功后，开始采用纯菌

种椴木栽培，为浙江省人工栽培黑木耳填补了空白。到20世纪90年代末，黑木耳栽培技术日益成熟，并在此后的20年迅速大面积推广应用。黑木耳多项生产技术创国内领先水平，其中选育的新科品种已成为我国南方黑木耳的当家品种。

文化烂漫歌悠扬 声声唱出木耳情

1693年版的《云和县志》中记载：“土茯苓、何首乌、黑木耳”，说明云和人民在很早以前对黑木耳就有认识、保护和利用了。云和《同治三年志》（即1864年）卷十五物产中记载：“有毒菌食用后症状及有毒菌的特征”。不仅如此，木耳气味甘平，具有一定的保健作用，云和人民将其作为主治“益气不饥，轻身强志，断壳治痔”和医治脚疮趾刺、痢血、牙痛以及妇女常见疾病的验方。

据云和县文化部门在非物质文化遗产普查中所收集的资料考证，在传唱了400年的云和沙铺山歌中，有对唱词道：“七月回来是凤仙，山上狼衣不开花，椴木烂了也开

花，开出木耳黑矬矬”“日头圆圆坐半天，杨树高高坐山前，砍落桠杈收树鸡，郎妹情意比蜜甜”，歌中的树鸡即黑木耳的俗称。

品牌建设

扬名海外　独领风骚

云和黑木耳的品牌建设分良种选育与标准制定、标准化基地建设、云和黑木耳证明商标品牌建设3个子项目。其建设内容主要为统一产品质量标准、统一产品包装、统一组织管理，统一包装销量占基地产品70%以上，组织云和黑木耳推介会，浙江（上海）名特优新农产品展销会，产品参加中国国际首届地理标志产品博览会，成功入选浙江展区参展品牌。在浙江省农博会上云和黑木耳独领风骚，云和展销区云和黑木耳倍受消费者青睐，并得到杭州市民的普遍认可。1994年，云和黑木耳获巴拿马国际农产品研讨会金奖，连续8年获浙江省农博会优质产品金奖。

早在1974年，云和就开始人工种植黑木耳，黑木耳的生产方式一直采用椴木栽培，资源利用率低，难以实现产业化开发。1994年，原丽水市科委设立了

· 云和师傅雷高和蓝信林在食用菌基地

· 石塘坪地食用菌

“袋栽黑木耳优质高产品种选育及栽培技术研究”项目，首次以科技立项的形式组织黑木耳袋栽技术研究，经过反复的栽培试验，成功选育了具有单片、色深、耐泡等独特优质性状，深受海内外消费者青睐的“新科”黑木耳品种。

黑木耳的营养价值

黑木耳是一种营养丰富、滋味鲜美的副食品，有“素中之荤”的美誉。黑木耳中的碳水化合物，蛋白质及脂肪、纤维素、铁、钙、磷、胡萝卜素、维生素维生素B_1、维生素B_2和维生素C等有效的营养元素含量高。据化验分析，每百克黑木耳中含钙375毫克，相当于鲫鱼的7倍；含铁185毫克，相当于鲫鱼的70倍。黑木耳的胶质体具有很大的吸附力，它能把残留在人体消化系统中的灰尘、杂质集中起来，排出体外，是矿工、纺织、理发和化工工人的良好保健食品。

黑木耳的药用价值

黑木耳是一种珍贵的药材，明代著名医药家李时珍在《本草纲目》中记载，木耳“性甘平，主治益气不饥”等。近代医学工作者对黑木耳的药用价值又有新的发现，认为黑木耳还具有清肺、润津、祛瘀生新的功效，可以软化血管、促进人体血液循环，对高血压、冠心病具有一定的改善作用 。

本产品图片均由云和县农业局提供

国家新闻出版改革发展项目库入库项目

财政部中央文化企业国有资本经营预算资助项目

“中国地理标志产品大典”项目组

项目负责人	李迎丰	黄国梁	张健全			
项目组组长	戴　群	**副组长**	张　宁			
项目参加人	刘云昌	高　莹	谢　瑛	邢树亭	张立新	任亚江
	王　成	徐　焱	赵荣刚	王兴武	唐　成	魏丽萍
	张琳瑄	段　方	陈小林	张晓平	花建华	刘东旭
	黄德胡	李素琴	白耀鹏	赵小红	王燕江	李　忱
	王　红	孙斌斌	张利华	朱舆妤	王　康	杨　蕾
	张晶晶	李洺雨	张　林	范梓暄	青　云	李桂星
	陈　雪	宫若宇	彭金平	史玉杰	靳纯艳	王雯雯
	张　华					

总　策　划	戴　群	谢　瑛				
执行策划	刘东旭	黄德胡	李素琴	张利华	朱舆妤	张晶晶
	李洺雨	张　林	范梓暄	青　云		